国家出版基金项目
NATIONAL PUBLICATION FOUNDATION

总顾问：王汉斌
总主编：沈德咏

危害公共安全罪

编　著：文盛堂

中国民主法制出版社
全国百佳图书出版单位
2014 · 北京

图书在版编目(CIP)数据

危害公共安全罪 / 文盛堂著. —北京:中国民主法制出版社, 2014.10

(中华人民共和国重要法律知识宣讲)

ISBN 978-7-5162-0606-5

Ⅰ. ①危… Ⅱ. ①文… Ⅲ. ①危害公共安全罪-基本知识-中国 Ⅳ. ①D924.32

中国版本图书馆 CIP 数据核字(2014)第 218616 号

图书出品人:肖启明
图 书 策 划:刘海涛
责 任 编 辑:胡玉莹

书 名/危害公共安全罪
编 著/文盛堂

出 版·发 行/中国民主法制出版社
地 址/北京市丰台区玉林里 7 号(100069)
电 话/63055259(总编室) 63057714(发行部)
传 真/63055259
http://www.npcpub.com
E-mail:mzfz@npcpub.com
经 销/新华书店
开 本/16 开 710 毫米×1000 毫米
印 张/13.5 **字数**/206 千字
版 本/2014 年 10 月第 1 版 2014 年 10 月第 1 次印刷
印 刷/航远印刷有限公司

书 号/ISBN 978-7-5162-0606-5
定 价/27.00 元

总　序

落实依法治国基本方略
加快建设社会主义法治国家

依法治国，是坚持和发展中国特色社会主义的本质要求和重要保障，是实现国家治理体系和治理能力现代化的必然要求，事关我们党执政兴国、事关人民幸福安康、事关党和国家长治久安。2012年12月4日，习近平总书记在首都各界纪念现行宪法公布施行三十周年大会上的重要讲话指出，要落实依法治国基本方略，加快建设社会主义法治国家，强调要以宪法为最高法律规范，继续完善以宪法为统帅的中国特色社会主义法律体系，把国家各项事业和各项工作纳入法制轨道，实行有法可依、有法必依、执法必严、违法必究，维护社会公平正义，实现国家和社会生活制度化、法制化。2013年11月，党的十八届三中全会通过《中共中央关于全面深化改革若干重大问题的决定》，确立了推进法治中国建设的总体目标，对加快建设社会主义法治国家作了全面部署，要求必须坚持依法治国、依法执政、依法行政共同推进，坚持法治国家、法治政府、法治社会一体建设。同时要求全面深化司法体制改革，加快建设公正高效权威的社会主义司法制度，维护人民权益，让人民群众在每一个司法案件中都感受到公平正义。2014 年 10 月，党的十八届四中全会专题研究了全面推进依法治国的若干重大问题，必将为法治中国建设不断注入强劲动力。

以习近平同志为总书记的新一届中央领导集体将依法治国提到了前所未有的高度，进一步表明了党中央全面推进依法治国、走中国特色法治化道路的坚定决心和信心。全面推进依法治国，必须全面推进科学立法、严格执法、公正司法、全民守法进程，确保宪法法律得到一体遵循。新中国成立以来特别是改革开放三十多年来，党带领人民坚持不懈加强立法工作，取得了举世瞩目的成就，一个立足中国国情和实际、适应改革开放和社会主义现代化建设需要、集中体现党和人民意志的，以宪法为统帅，以宪法相关法、民法商法等多个法律部门的法律为主干，由法律、行政法规、地方性法规等多个层次的法律规范构成的中国特色社会主义法律体系已经形成，国家经济建设、政治建设、文化建设、社会建设以及生态文明建设的各个方面总体实现了有法可依，为实现全面建成小康社会宏伟目标奠定了坚实的法律基础。

法律的生命力在于实施。新的历史条件下，确保宪法法律实施的任务越来越重，严格执法、公正司法的要求越来越高，维护社会公平正义的责任越来越大。法律要发挥作用、得到全面实施，就需要全社会尊重和信仰法律。2014 年 1 月 7 日，习近平总书记在中央政法工作会议上的重要讲话强调，要深入开展法制宣传教育，弘扬社会主义法治精神，引导群众遇事找法、解决问题靠法，逐步改变社会上那种遇事不是找法而是找人的现象。认真贯彻习近平总书记重要讲话精神，必须大力加强法制宣传教育，不断探索法律知识教育传播的新途径，为确保法律正确实施，确保严格执法、公正司法、全民守法作出积极贡献。

中国民主法制出版社作为国家级法律专业出版社，始终秉持“立足人大工作，服务民主法制”的出版宗旨，不断推出高质量的图书产品，积极宣传宪法法律和人民代表大会制度，为社会主义民主法制建设作出了重要贡献。为认真贯彻落实习近平总书记系列重要讲话精神特别是关于法治建设的重要论述，积极推进依法治国进程，中国民主法制出版社经过反复研究论证，决定推出《中华人民共和国重要法律知识宣讲》丛书。

该套丛书采取宣讲要点、典型案例、专家评析、法条指引的形式，紧紧围绕法治建设的重点、群众关注的焦点、社会关注的热点、司法实践的难点问题，对法律规定、法律原则、法律精神及其应用问题进行全面阐释。该丛书涵盖中国特色社会主义法律体系方方面面，全面收录各类法律法规，同时筛选了涉及经济、政治、文化、社会和生态文明建设的各类典型案例，清晰展现执法司法工作的生动实践，具有很强的实用性和操作性，对于法学研究和司法实务具有较好的参考价值。

该丛书的出版有助于广大司法实务工作者准确把握法律应用方面的最新情况，解决实际工作中存在的司法疑难问题；有助于广大法律工作者进一步优化知识结构，丰富相关法律知识储备，提高司法工作水平；有助于公民了解最新的法律规定，掌握多样的权利救济途径，依照法定程序理性表达诉求、维护合法权益。诚然，中国特色社会主义建设的实践是永无止境的，立法亦必将随之而不断丰富和完善。丛书出版后，还应当结合最新的立法动态和执法、司法实践，及时进行修订完善和内容更新，确保读者及时、准确掌握最新法律信息，使丛书的社会应用价值不断提升，为社会公众提供更加全面的法律知识信息服务。

全面建成小康社会、实现中华民族伟大复兴的中国梦，必须全面推进依法治国。落实依法治国基本方略，必须不断提高全社会的法律应用水平。出版这套丛书，就是为了有效传播法律知识，弘扬社会主义法治精神，让宪法和法律真正做到家喻户晓，使广大公务人员善于运用法治思维和法治方式推动工作，带头在宪法法律范围内活动，使执法司法工作人员始终坚持严格执法、公正司法，不断提升执法司法能力，使广大人民群众牢固树立法制观念、规则意识，充分相信法律、自觉运用法律、紧紧依靠法律，真正认识到法律不仅是全体公民必须遵循的行为规范，更是保护自身权利的有效方式，促进全社会形成学法、尊法、守法、用法的良好氛围。本套丛书的出版凝聚着编者的心血，衷心期待这套丛书能够实现其出版初衷。

是为序。

最高人民法院常务副院长 沈德咏*

---

* 沈德咏，一级大法官，中国政法大学兼职教授、博士生导师。

编写说明

本书是《中华人民共和国重要法律知识宣讲》丛书之一，具体内容是对我国刑法分则第二章规定的危害公共安全罪，以及与其相关的司法解释等内容进行宣讲和普及。

根据刑法分则第二章的规定，危害公共安全罪，是指危害特定或者不特定多数人的生命、健康和重大公私财产安全或者公共生活安全的犯罪。该类犯罪是普通刑事犯罪中客观危险性最大的一类犯罪，可能造成的破坏范围之广、后果之严重，往往是犯罪分子自己都难以预料和控制的。危害公共安全罪侵犯的客体是公共安全。客观方面表现为实施了刑法规定的危害公共安全的行为。犯罪主体多数是一般主体，即年满16周岁具有刑事责任能力的自然人均可构成该类犯罪；已满14周岁不满16周岁的人，可以构成放火、爆炸和投放危险物质罪。少数是特殊主体，主观方面，有的犯罪是故意，有的是过失；该类犯罪包括过失罪最多，也是一大特点。该类犯罪可以分为以危险方法危害公共安全的犯罪，破坏特殊对象危害公共安全的犯罪，有关枪支弹药管制刀具以及爆炸性易燃性放射性毒害性腐蚀性物品等特定物品的犯罪，重大安全事故的犯罪和其他危害公共安全的犯罪，共包括46个具体罪名。

本书在编写时力图保证体系的完整性，保留了刑法分则第二章所规定的全部内容。每个罪名的宣讲内容分为【宣讲要点】【典型案例】【专家评析】【法条指引】四个部分。具体内容由若干问题组成，所提问题紧紧围绕犯罪构成、认定和处罚展开。该书不仅回答了什么是犯罪、犯罪的构成要件有哪些、立案追诉标准等问题，同时，还通过实际案例，围绕犯罪构成要件进行具体分析，回答了为什么行为人的行为构成犯罪，以及在认定时应注意的事项等问题。最后，对该罪名涉及的相关法律条文进行了指引。

本书在犯罪认定上的一些观点，只是作者的个人见解，不一定正确，仅供参考。我们希望本书能够对读者学习、理解和执行我国刑法有所帮助的同时，也诚恳地期待着读者对本书的不妥和错漏之处提出批评、指正。

编著者

2014 年 8 月

CONTENTS
目录

危害公共安全罪

► 一、放火罪

【宣讲要点】

1. 什么是放火罪？该罪的犯罪构成要件是什么？

放火罪，是指故意放火焚烧公私财产，危害公共安全的行为。

本罪的构成要件是：本罪侵犯的客体是公共安全，即不特定多数人的生命、健康或重大公私财产的安全。也就是说，放火行为一经实施，就可能造成不特定多数人的伤亡或者使不特定的公私财产遭受难以预料的重大损失。这种犯罪后果的严重性和广泛性往往是难以预料的，甚至是行为人自己也难以控制的。这也是放火罪同以放火方法实施的故意杀人、故意毁坏公私财物罪的本质区别。因此，可以说，并非所有的用放火方法实施的犯罪行为都构成放火罪，关键是要看放火行为是否足以危害公共安全。如果行为人实施放火行为，而将火势有效地控制在较小的范围内，没有危害也不足以危害不特定多数人的生命、健康和重大公私财产的安全，就不构成放火罪，而应根据案件具体情节，定为故意毁坏公私财物罪或故意杀人罪、故意伤害罪等。本罪侵犯的对象，主要是公私建筑物或者其他公私财物。实施的对象包括工厂、矿山、油田、港口、仓库、住宅、森林、农场、牧场、重要管道、公共建筑物或者其他公私财物。这里所说的其他公私财物是指上述公私财物以外的，但性质与其相似的，比较重大的公私财物，而不是指上述公私财物以外的一切公私财物。因为只有燃烧这些公私财物，方可能危及公共安全。如果放火行为侵害的只是某一较小的财物，例如烧几件衣物、一件小家具、小农具等价值不大的公私财物，不构成放火罪。如果行为人放火烧毁自己或家庭所有的房屋或其他财物，足以引起火灾，危害公共安全的，也应以放火罪论处。但是，如果行为人放火焚毁自己的房屋或其他财物，确实不足以危害公共安全的，则不构成放火罪。客观方面表现为实施了危害或者足以危害公共安全的放火行为。放火行为既可以以作为的方式实施，如用引火物点燃公私财产，制造火灾；也可以以不作为的方式实施，但以不作为方式构成的放火罪必须以行为人负有防止火灾发生的特定义务为前提。本罪是危险犯，实施放火焚烧财产，足以危害公共安全的行为即构成犯罪。放火罪的犯罪主体是一般主体，凡达到刑事责任年龄、具有刑事责任能力的自然人都可以成为本罪的主体。鉴于本罪具有严重的社会危害性，根据刑法第 17 条第 2 款之规定，已满 14 周岁不满 16 周岁的未成年人也可以成为本罪的主体。主观方面表现为故意，即明知自己的放火行为可能造成危害公共安全的严重后果，而希望或者放任这种结果的发生。

2. 放火的具体表现有哪些?

放火的行为方式，可以是作为，即用各种引火物，直接把公私财物点燃；也可以是不作为，即故意不履行自己防止火灾发生的义务，放任火灾的发生。例如，某电气维修工人，发现其负责维护的电气设备已经损坏，可能引起火灾，而却不加维修，放任火灾的发生。这就是以不作为的方式实施的放火行为。

放火罪以作为方式实施的放火行为，必须具备三个条件：一是要有火种；二是要有目的物，即要烧毁的对象物；三是要让火种与目的物接触。在这三个条件已经具备的情况下，行为人使火种开始起火，就是放火行为的实行；目的物一旦着火，即使将火种撤离或者扑灭，目的物仍可独立继续燃烧，放火行为就被视为实行终了。以不作为的方式实施的放火罪，行为人必须负有防止火灾发生的特定义务，而且能够履行这种特定义务而不履行，以致发生火灾。其特点，一是行为人必须是负有特定作为义务的人；二是根据主客观条件，行为人有能力履行这种特定的作为义务；三是行为人客观上必须有不履行这种特定作为义务的事实。从义务的来源看，一是法律所规定的义务；二是职务或业务上所要求的义务，如油区防火员就负有消除火灾隐患、防止火灾发生的义务；三是行为人的先前行为所引起的义务，如行为人随手把烟头丢在窗帘上，引起窗帘着火，行为人就负有扑灭窗帘着火燃烧的义务。从司法实践来看，行为人的特定义务，主要是后两种情况。有些放火案件，从表面上看，是燃烧衣物、家具、农具等价值较小的财物，实际上是以衣服、家具、农具等作为引火物，意图通过燃烧衣物、家具、农具等引起上述重大公私财物的燃烧。这种情况应以放火罪论处。因此，在认定放火罪时，要注意发火物、引火物和目的物即放火行为的侵害对象的区分。

3. 放火案的立案标准是什么？

根据刑法第 114 条、第 115 条第 1 款的规定，故意放火，足以危害公共安全的，应予立案追究。国家林业局、公安部 2001 年 5 月 9 日发布实施的《关于森林和陆生野生动物刑事案件管辖及立案标准》规定，凡是故意放火，造成森林或其他林木火灾的都应当立案。

4. 对放火罪如何处罚？

犯放火罪，尚未造成严重后果的，处 3 年以上 10 年以下有期徒刑；致人重伤、死亡或者使公私财产遭受重大损失的，处 10 年以上有期徒刑、无期徒刑或者死刑。

5. 一般放火行为如何处理？

一般放火行为，是指情节显著轻微危害不大、不危害公共安全的放火行为。放火罪与一般放火行为，在客观上都可能造成轻微的危害结果。因此，它们的根本区别，不在于是否造成轻微的危害结果，而在于前者危害公共安全，后者不危害公共安全。从理论上说，界限不难区分。但在司法实践中，在处理具体放火案件时，对于某种放火行为是一般放火行为，还是构成放火罪，有时会发生意见分歧。

6. 如何认定放火罪的既遂与未遂？

放火犯通常以烧毁目的物为犯罪目的。但是，判断放火罪的既遂与未遂，不应以犯罪目的是否达到为标准，而应以行为是否符合本法规定的放火罪的全部构成要件为标准。刑法对于放火罪的规定有两个条文，即第114条和第115条。这两条的关系是，前者是规定放火罪的构成要件的基本条款，后者是与前者相联系的结果加重条款。根据刑法理论，结果加重的条款是不发生犯罪未遂问题的，只有该条文规定的严重结果发生了，才能适用该条文。所以，认定放火罪的既遂、未遂，应以第114条规定的放火罪的构成要件为标准。根据刑法修正案，该条已经被修改为危险犯，即达到可能造成危害的危险或严重后果的，就可认定为既遂。

7. 如何区分放火罪与以放火为手段的相关犯罪?

如果行为人以放火为手段杀害或伤害特定的人，不足以危害公共安全的，只能构成故意杀人罪或故意伤害罪；如果行为人虽以放火为手段杀伤特定的人，但同时可能造成火灾危害公共安全的，应以放火罪论处。

如果行为人以放火为手段，破坏交通工具、交通设施、电力设备、煤气设备、易燃易爆设备和广播电视设施、公用电信设施，虽然具有第114条规定的以危险方法危害公共安全的特征，但因法律对这几种罪已作了专门规定，因此，应分别适用刑法第116条、第117条、第118条和第124条，以破坏交通工具罪、破坏交通设施罪、破坏电力设备罪、破坏易燃易爆设备罪和破坏广播电视设施、公用电信设施罪论处。

如果行为人以放火为手段毁损公私财物，没有造成重大损失，也不可能危及公共安全的，应以故意毁坏财物罪论处；如果行为人放火烧毁公私财物，造成重大损失或者危害公共安全的，应以放火罪论处。

行为人在实施杀人、强奸等犯罪后用放火的方法焚毁罪迹的，应区分不同情况处理。如果行为人消灭罪迹的放火行为不足以危及公共安全的，按所犯的罪从重处罚，不另以放火罪实行数罪并罚；如果行为人消灭罪迹的放火行为足以危及公共安全的，则应另以放火罪与前行为构成的犯罪数罪并罚。

【典型案例】

2006年3月8日中午12时许，黄某某在赣州市章贡区红旗大道赣南纺织厂家属宿舍楼10栋1单元202室，与前夫容某发生激烈争吵。因想到自己和容某之间的感情已破裂，经营的饮食店又严重亏本，及多年来对容某及其家人积下的怨气，于是产生放火烧该房屋予以报复并自焚的想法。黄某某先将家中茶油洒在客厅地板上点火，但未引燃。黄某某又到赣州市章贡区南河路南坊食府饮食店中取出一壶约5公升的汽油返回，并将汽油全部洒在10栋1单元202室客厅地板上，用一张废纸搓成条形在厨房用天然气灶火点燃，再将点燃的废纸条扔到客厅地板上引燃汽油。起火后，家中部分门窗、家具、电器被烧毁，黄某某心里害怕而呼救。容某和周围邻居闻讯后及时将火扑灭。人民法院依照刑法第114条的规定，判决黄某某犯放火罪，判处有期徒刑3年。

【专家评析】

放火罪是行为犯，只要行为人实施了放火行为，即使没有造成危害公共安全的严重后果，也构成犯罪既遂。从放火焚烧的对象和当时的环境看，如果放火行为不足以危害公共安全，则不构成本罪。同时，如果不危及他人或者公共安全，刑法对放火自焚的行为本身是不予评价的。

本案中，黄某某虽然有自焚动机，但是其出于报复，纵火焚烧宿舍楼与其他房屋紧密相连的单元房的行为，已经危及不特定范围内多数人的生命、健康和重大公私财产安全，虽然没有造成严重后果，但是依法应认定为放火罪既遂。不过，根据刑法第114条的规定，犯放火罪“尚未造成严重后果的，处3年以上10年以下有期徒刑”。因此人民法院在量刑上，对黄某某处以3年有期徒刑，是综合考虑黄某某的纵火动机及情节后作出的合理判决。

【法条指引】

中华人民共和国刑法

第一百一十四条　放火、决水、爆炸以及投放毒害性、放射性、传染病病原体等物质或者以其他危险方法危害公共安全，尚未造成严重后果的，处三年以上十年以下有期徒刑。

第一百一十五条第一款 放火、决水、爆炸以及投放毒害性、放射性、传染病病原体等物质或者以其他危险方法致人重伤、死亡或者使公私财产遭受重大损失的，处十年以上有期徒刑、无期徒刑或者死刑。

▶ 二、决水罪

【宣讲要点】

1. 什么是决水罪？该罪的犯罪构成要件是什么？

决水罪，是指故意决水，制造水患危害公共安全的行为。

本罪的构成要件是：侵犯的客体是公共安全，即不特定多数人生命、健康或重大财产的安全。客观方面表现为实施危害公共安全的决水行为。犯罪主体为一般主体，即达到法定刑事责任年龄、具有刑事责任能力的人均可构成。该罪在主观方面表现为故意，包括直接故意和间接故意。即行为人明知其决水行为会危害公共安全，并且希望或者放任危害公共安全的结果发生。

2. 决水的具体表现有哪些？

所谓决水，是指足以使水流横溢、泛滥成灾的行为。决水行为既可以表现为积极的作为，如炸毁堤坝、堵塞水道、破坏水闸、破坏防水设备等；也可以表现为消极的不作为，如洪水来临时，水库管理人员不及时开放泄洪闸或者不关闭防水堤的闸门。以不作为方式构成决水罪的，行为人必须负有特定的作为义务，并且有能力履行这种特定的作为义务而不履行。行为人实施的决水行为只要足以危害公共安全，就应以决水罪论处；如果行为人仅是为个人利益或局部利益，擅自开闸放水、挖渠引水，尚不足以危害公共安全的不应以决水罪论处。决水的方法多种多样，如使用机械挖掘、爆破的方法等，无论采用何种手段都不影响该罪的成立。司法实践中发生的炸毁堤坝决水的案件，实质上是利用水的作用而不是直接靠爆破的力量使不特定多数人的生命、健康或重大公私财产遭受损失的，其本质仍属决水罪。决水行为必须危害公共安全才构成决水罪。如果决水行为不足以危害不特定多数人的生命、健康或重大公私财产的安全，如农民之间为争水浇地，擅自扒开水渠放水，致渠水漫溢，危害后果不严重的，不宜定为决水罪。鉴于决水罪具有严重的危害性，因此刑法规定，实施决水行为只要足以危害公共安全，即使尚未造成致人重伤、死亡或者使公私财产遭受重大损失的严重后果，也构成决水罪。

3. 决水案的立案标准是什么？

根据刑法第 114 条、第 115 条第 1 款的规定，故意决水，足以危害公共安全的，应予立案追究。

4. 对决水罪如何处罚？

犯决水罪，尚未造成严重后果的，处 3 年以上 10 年以下有期徒刑；致人重伤、死亡或者使公私财产遭受重大损失的，处 10 年以上有期徒刑、无期徒刑或者死刑。

5. 对农村村民因水利纠纷决水的行为如何定性？

在日常生活中，特别是在农村，在生产大忙季节或干旱的情况下，一些村民因水利纠纷，为争水灌溉，互不相让而发生水源纠纷，有的甚至为报复对方而擅自扒开水渠放水，致使水流漫溢，冲坏集体或者个人作物，造成一定损失，其行为不能一概都认定为犯罪。是否构成决水罪的关键是行为人的行为是否危及公共安全，即是否造成或可能造成不特定多数人的伤亡或重大公私财产的损失，如果没有造成也不可能造成不特定多数人的伤亡和重大公私财产的损失，即不危及公共安全的，则行为人的行为不构成决水罪。

6. 如何区别决水罪与破坏生产经营罪？

破坏生产经营罪是指故意毁坏机器设备、残害耕畜或者以其他方法破坏生产经营的行为。在司法实践中，决水行为既能影响农田灌溉，也能使工农业生产因缺水而停产，从而构成破坏生产经营罪。但两者主要区别是：（1）侵犯的客体不同。决水罪侵犯的客体是公共安全，破坏生产经营罪侵犯的客体是公私财产所有权和生产经营秩序。破坏生产经营罪虽然使生产经营秩序受到破坏，造成犯罪对象即与生产经营密切相关的物品、工具的毁坏，但尚不属于危害重大公私财产的安全，而决水罪则危害重大公私财产安全。(2) 犯罪客观方面不同。决水罪的决水属于危险方法，既可以使大范围的工农业等生产经营活动受到影响，更重要的是使不特定多数人的生命、健康受到危害，使大片农田被淹，重大公私财产受到损失；而破坏生产经营罪所谓决水不属于危险方法，只能使大量的水流失或使小范围的农田被淹，或使工农业等生产经营活动受到破坏，其损害的严重程度上不及决水罪。(3) 犯罪主观故意的内容不同。决水罪的行为人明知其行为会危害公共安全，而希望或放任这种结果发生；破坏生产经营罪的行为人明知其行为会破坏生产经营秩序和侵犯公私财产所有权，而希望或放任这种结果发生。由此可见，基于破坏生产经营故意而决水，因而危害公共安全的，又构成决水罪，属于想象竞和犯，应按从一重罪的原则论处，即按决水罪论处。

7. 如何区分决水罪的既遂与未遂?

区分犯罪既遂与未遂应以是否符合法定犯罪构成要件为标准。该罪对决水罪的规定，并未将发生危害公共安全的严重结果作为法定犯罪构成要件，行为人只要实施决水行为并足以危害公共安全，即危害不特定多数人的生命、健康或者有使公私财产遭受重大损失的现实危险即构成犯罪既遂。其认定足以危害公共安全，一般应以决水后水流开始冲溢为标准。因为水流具有巨大破坏力，水势一旦失控，往往借助于破坏力愈演愈烈从而构成对不特定多数人的生命、健康或者重大公私财产安全的严重危害。如果行为人刚开始破坏水利设施或者正在破坏过程中，由于行为人意志以外的因素未致使所决之水流开始破坏即犯罪未遂。

【典型案例】

邓某华分包承接南海区广明高速金沙段工地的淤泥、土方清理工作。一般承建单位都是请运输车队将淤泥运走的，但邓某华却想出了一个更为“简便”的方法，他与包工头刘某勇签订施工合同，约定由刘某勇在南海区丹灶镇金沙下安陈家村堤围横向钻孔安装 PE 管，从而利用管道把广明高速工地的淤泥直接排到河堤外，达到减少排淤成本的目的。随后，刘某勇就带着施工队成员李某楼、李某文、王某兴、孙某蚌及李某宣，把钻孔机开到丹灶镇金沙南铁鼎围东堤堤围施工，在没有任何施工许可的情况下，对着堤围一轮乱钻，将堤围钻穿后，又扩宽孔洞，使孔洞的直径达到约30厘米。当天下午5时许，丹灶镇水利所工作人员发现了他们的违法施工，马上予以制止。不过此时孔洞横向贯穿堤围总长度已达40米左右。根据南海南源水利水电勘测设计院有限公司对钻孔现场的分析，当外江水位上涨达到5.4米时，孔洞就会发生渗透破坏，随着堤身土体流失，如果不及时抢险，可能会导致垮坝。事件发生时已经进入主汛期，当时又是雨季，外江随时会有洪水来到，如洪水来到不能及时处理，就可能造成决堤，到时金沙整个辖区就会被洪水浸没，造成人们生命及财产的无法估量的损失。据此，人民法院判处邓某华、刘某勇等6人犯决水罪。

【专家评析】

根据我国刑法第114条的规定，实施决水行为只要足以危害公共安全，即使尚未造成致人重伤、死亡或者使公私财产遭受重大损失的严重后果，也构成决水罪。

本案中，邓某华等6人明知其在堤坝上钻孔的行为可能造成决水，从而危害不特定多数人的生命安全和重大公私财产安全，执意实施钻洞、扩空行为，经南海南源水利水电勘测设计院有限公司对钻孔现场的分析，当外江水位上涨达到5.4米时，孔洞就会发生渗透破坏并导致垮坝。而事发时又正值汛期，这种垮坝的可能性进一步加大。因此，虽然尚未造成严重后果，邓某华等6人的决水行为已经构成了决水罪。只是在量刑上，因为该6人的决水行为尚未造成严重后果，因此根据刑法第114条的规定，处以3年以上10年以下有期徒刑。其中，除邓某华、刘某勇外，其他人应当认定为共同犯罪中的从犯，依法应当从轻、减轻或者免除处罚。

【法条指引】

中华人民共和国刑法

第一百一十四条 放火、决水、爆炸以及投放毒害性、放射性、传染病病原体等物质或者以其他危险方法危害公共安全，尚未造成严重后果的，处三年以上十年以下有期徒刑。

第一百一十五条第一款 放火、决水、爆炸以及投放毒害性、放射性、传染病病原体等物质或者以其他危险方法致人重伤、死亡或者使公私财产遭受重大损失的，处十年以上有期徒刑、无期徒刑或者死刑。

▶ 三、爆炸罪

【宣讲要点】

1. 什么是爆炸罪？该罪的犯罪构成要件是什么？

爆炸罪，是指故意针对不特定的多数人或者重大公私财产实施爆炸，危害公共安全的行为。

本罪的构成要件是：侵犯的客体是社会公共安全。在客观方面表现为实施了用爆炸的方法杀伤不特定的多数人、毁坏重大公私财产，足以危害公共安全的行为。具体说来，首先，行为人必须实施了故意引爆弹药、爆炸物以及其他易爆物品、引爆装置或者利用技术手段故意导致机器、锅炉等爆炸的行为。这种行为可以是以作为方式进行的，如故意安放定时炸弹进行爆炸；也可以是以不作为方式进行的，如锅炉工故意不给锅炉加水致使锅炉发生爆炸。其次，爆炸行为必须针对不特定多数人或者重大公私财产进行，足以危害公共安全。所谓足以危害公共安全，就是指行为人实施的爆炸行为，由于主观和客观方面的原因，如行为人自动中止爆炸犯罪，炸药的破坏性没有行为人主观想象的那么大，炸药受潮失效，没有将爆炸物投掷到所要求的位置，爆炸物被他人发现而被拆除等，实际上并未造成危害公共安全的结果，但如果排除这些原因，是可能造成危害公共安全的结果的。无论哪种原因存在，只要行为人实施了爆炸行为，足以危害公共安全的，就构成爆炸罪。爆炸罪的成立并不要发生危害公共安全的实际后果。行为指向的对象是不特定多数人的生命、健康和重大公私财物。某些爆炸行为，行为人主观上是指向特定的人或者物，但发生在人群密集或者财物集中的公共场所，客观上危害了不特定多数人的生命、健康或者重大公私财产的安全，也可以爆炸罪论处。因为在这种场合用爆炸的方法杀人、毁物，对这种行为会危害公共安全不可能没有预见，有预见而放任危害结果的发生，就是一种故意犯罪。如果行为人实施的爆炸行为是指向特定的人或者特定的公私财物，并且有意识地把破坏的范围限制在不危害公共安全的范围，客观上也未发生危害公共安全的结果，则不应定爆炸罪，而应根据实际情况，构成什么罪就定什么罪。犯罪主体是一般主体。已满14周岁不满16周岁的人实施爆炸行为，构成犯罪的，也应当负刑事责任。主观方面表现为故意，即明知自己的行为可能会发生爆炸的结果，危害公共安全，并且希望或者放任这种结果发生。

2. 爆炸的具体表现有哪些?

爆炸行为有作为和不作为两种基本方式。如直接点燃爆炸物引发爆炸，就是积极的作为方式；而行为人负有防止爆炸发生特定义务，并且有能力履行这种特定的义务而不履行，以致发生爆炸，就构成不作为爆炸犯罪。实施爆炸的方式方法很多：有的在室内安装炸药包，在室内或者室外引爆；有的将爆炸物直接投入室内爆炸；有的利用技术手段，使锅炉、设备发生爆炸；有的使用液化气或者其他方法爆炸。实施爆炸地点主要是在人群集中或者财产集中的公共场所、交通线等处，如将爆炸物放在船只、飞机、汽车、火车上定时爆炸，在商场、车站、影剧院、街道、群众集会地方制造爆炸事件。

3. 爆炸案的立案标准是什么?

根据刑法第114条、第115条第1款的规定，故意用爆炸的方法，足以危害公共安全的，应当立案。本罪是危险犯，只要行为人实施了故意爆炸行为，并且足以威胁不特定的多数人的人身和财产安全，不要求造成严重后果，就构成犯罪。

4. 对爆炸罪如何处罚?

犯爆炸罪，尚未造成严重后果的，处3年以上10年以下有期徒刑；致人重伤、死亡或者使公私财产遭受重大损失的，处10年以上有期徒刑、无期徒刑或者死刑。

5. 如何认定爆炸罪的既遂与未遂？

根据刑法第114条的规定，只要行为人实施爆炸，危害公共安全，尚未造成严重后果，就具备爆炸罪全部构成要件，即为既遂。如果致人重伤、死亡或者使公私财产遭受重大损失，应按刑法第115条作为爆炸罪的结果加重犯处罚。至于爆炸罪的未遂，从立法精神看，该罪是举动犯，不存在实行终了的未遂。因为爆炸行为已经实行终了，在一定条件下就足以危害不特定多数人的生命、健康或重大财产的安全，无论是否引起严重后果，都是既遂。爆炸罪未遂只能发生在爆炸行为尚未实行终了的阶段。比如，刚着手引爆或者在引爆过程中，被人发现夺下炸药，使爆炸未能得逞。这种情况属于未实行终了的爆炸未遂。

6. 以爆炸方法故意杀人或者伤害的行为如何处罚？

故意杀人罪、故意伤害罪和爆炸罪的区别是：（1）侵犯的客体不同。爆炸罪侵犯的是公共安全，即不特定多数人的生命、健康和重大公私财产的安全；而故意杀人罪、故意伤害罪侵犯的是特定公民的人身权利。（2）客观方面不同。爆炸犯罪行为人引发爆炸物或以其他方法制造爆炸，造成或足以造成不特定多数人的伤亡或重大公私财产的毁损，其危害结果是难以预料和难以控制的；故意杀人罪、故意伤害罪的犯罪行为人虽也使用爆炸的方法，但还可以使用其他方法，其行为所造成的危害后果是特定的某个人或某几个人的伤亡，而且一般只造成人身伤亡，不造成财产毁损。因此，行为人针对特定的对象实施爆炸行为，选择的作案环境和条件只能杀伤特定的某个人或某几个人，而不危及公共安全的，应按故意杀人罪、故意伤害罪论处。如果爆炸行为虽然指向特定的对象，但行为人预见其爆炸行为会危害公共安全而仍实施爆炸行为，危害公共安全，应以爆炸罪论处。

7. 如何区分本罪与故意毁坏财物罪？

使用爆炸手段破坏公私财产的，往往也会同时侵犯公民的人身权利。如果使用爆炸手段故意毁损某项特定的公私财物，其结果也没有同时侵犯公民的人身权利和其他大量公私财产的，依照刑法第275条的规定，以故意毁坏财物罪论处。但是，行为人使用爆炸方法破坏交通工具、交通设施、电力设备、易燃易爆设备的，应按照特别法条优于普通法条的原则，分别以破坏交通工具罪、破坏交通设施罪、破坏电力设备罪、破坏易燃易爆设备罪论处。

【典型案例】

2003年以来，王某因租用浙江某物业服务有限公司鳗鱼养殖场的相关事宜双方发生经济纠纷，后王某认为得不到合理赔偿，意欲报复该公司，遂到杭州市萧山区商业城等地购买了钢钉、钢珠、烟花、银粉等材料，自制了爆炸装置。2011年9月23日中午11时50分许，王某携带上述爆炸装置到浙江某物业服务有限公司生活区食堂，点燃了携带的爆炸装置，致使正在食堂就餐的陈某甲、周某甲、孙某甲烧伤，施某在逃离现场时手臂被挤伤。经鉴定，爆炸现场提取的拉杆箱、行李车及装载的两个纸箱和黑色双肩背包所构成的整体认定为爆炸装置；经法医鉴定，陈某甲臀部及双下肢等处2到3级烧伤，约占自身体表面积的6%，周某甲双下肢深度烧伤、面积累计超过2%，其损伤程度均已构成轻伤；孙某甲腹部、背部及右上臀等处小片状浅烧伤，施某右手背挫伤，损伤程度均评为轻微伤。案发后，王某主动投案，如实供述了上述爆炸事实。人民法院依照刑法第114条、第67条第1款及《最高人民法院关于处理自首和立功具体应用法律若干问题的解释》第1条之规定，判决：王某犯爆炸罪，判处有期徒刑4年6个月。

【专家评析】

爆炸罪是指对公私财物或人身实施爆炸，危害公共安全的行为。爆炸罪中的爆炸物品，包括炸弹、手榴弹、地雷、炸药（包括黄色炸药、黑色炸药和化学炸药）、雷管、导火索、雷汞、雷银等起爆器材和自种自制的爆炸装置（如炸药包、炸药瓶、炸药罐等）。根据刑法规定，只要行为人实施了爆炸行为，危害了公共安全，即使尚未造成严重后果，也具备了爆炸罪的全部构成要件，属于爆炸罪既遂；如果发生了致人重伤、死亡或者使公私财产遭受重大损失的后果，则应依照刑法第115条规定加重处罚。

本案中，被告人王某出于报复动机，私自制造炸药，并于中午午餐时间到单位食堂实施爆炸行为，严重危害了不特定多数人的生命安全和重大公私财产安全，依法应以爆炸罪论处。不过，在量刑上，因为尚未造成严重后果，根据刑法第114条的规定，应在3年以上10年以下进行量刑。

【法条指引】

中华人民共和国刑法

第一百一十四条 放火、决水、爆炸以及投放毒害性、放射性、传染病病原体等物质或者以其他危险方法危害公共安全，尚未造成严重后果的，处三年以上十年以下有期徒刑。

第一百一十五条第一款 放火、决水、爆炸以及投放毒害性、放射性、传染病病原体等物质或者以其他危险方法致人重伤、死亡或者使公私财产遭受重大损失的，处十年以上有期徒刑、无期徒刑或者死刑。

▶ 四、投放危险物质罪

【宣讲要点】

1. 什么是投放危险物质罪？该罪的犯罪构成要件是什么？

投放危险物质罪，是指故意投放毒害性、放射性、传染病病原体等物质，危害公共安全的行为。

本罪的构成要件是：侵犯的客体是公共安全，即不特定多数人的生命、健康和重大公私财产安全。客观方面表现为行为人实施了投放毒害性、放射性、传染病病原体等物质，危害公共安全的行为。所谓“投放毒害性、放射性、传染病病原体等物质”，是指向公共饮用的水源、出售的食品、饮料或者牲畜、禽类的饮水池、饲料等物品中投放毒害性、放射性、传染病病原体等物质的行为。本罪是危险犯，不论投放危险物质行为的具体方式怎样，也不论使用何种危险物质，只要投放危险物质的行为足以危害不特定多数人的生命、健康和重大公私财产安全，或者足以严重污染环境，就构成本罪既遂，而不要求发生实际的危害结果。犯罪主体是一般主体。根据刑法第 17 条的规定，已满 14 周岁不满 16 周岁的人犯本罪的，应当负刑事责任。主观方面表现为故意，既可以出于直接故意，也可以出于间接故意。至于行为人出于何种动机，不影响本罪的成立。

2. 投放危险物质的具体表现有哪些？

投放危险物质表现为投放毒害性、放射性、传染病病原体等物质，危害公共安全的行为。其中，毒害性物质是指含有毒质甚至腐蚀性的有机物或者无机物，如砒霜等；放射性物质是指通过原子核裂变时放出的射线发生伤害作用的物质，如镭、铀、钴等放射性化学元素；传染病病原体是能够引起疾病的微生物和寄生虫的统称，如炭疽、霍乱等传染病病菌、病毒。

3. 投放危险物质案的立案标准是什么？

根据《中华人民共和国刑法修正案（三）》的规定，故意投放毒害性、放射性、传染病病原体等物质，足以危害公共安全的，应予立案追究。

4. 对投放危险物质罪如何处罚？

犯投放危险物质罪，尚未造成严重后果的，处 3 年以上 10 年以下有期徒刑；致人重伤、死亡或者使公私财产遭受重大损失的，处 10 年以上有期徒刑、无期徒刑或者死刑。

5. 如何区分本罪与以投毒为手段的其他犯罪？

不论行为人在何种场合投毒、投毒行为的具体指向如何，只要行为人明知自己的投毒行为会引起不特定多数人或者不特定多数禽畜中毒伤亡，并且希望或者放任这种结果发生，就应以投毒罪论处。如果投毒行为只是指向特定的个人、特定个人家庭饲养的禽畜、承包的鱼塘等，并有意识地将损害结果限制在这个局部范围内，不足以危害公共安全的，不应定投毒罪。应根据实际情况，构成什么罪就定什么罪，如故意杀人罪、故意毁坏财物罪、破坏生产经营罪等。

6. 如何区分本罪与危险物品肇事罪？

危险物品肇事罪是在生产、储存、运输、使用中发生的重大事故，且只能由过失构成；而投毒罪则不受“生产、储存、运输、使用中”的范围限制，且在主观上表现为故意。

【典型案例】

陈某与陈某某在江苏省南京市江宁区汤山镇各自开店经营面食早点生意，两店相邻。陈某眼见陈某某经营的面食店生意兴隆，而自己经营的小店却生意清淡，于是心生妒忌，加之此前双方曾因打牌、发短信息等琐事发生过矛盾，遂产生在陈某某店内投毒的恶念。2002 年 8 月 23 日，陈某购买了毒鼠强鼠药剂 12 支，粉剂 50 克，并在其小店内做试验。9 月 13 日晚 11 时许，陈某潜入陈某某的面食店外操作间，将毒鼠强投放在白糖、油酥等食品原料内，并加以搅拌。次日晨，陈某某面食店使用掺有毒鼠强成分的食品原料制成烧饼、麻团等早点出售，导致 300 余人食用后中毒，其中 42 人死亡。2002 年 9 月 30 日，经公开审理，南京市中级人民法院作出判决，陈某为泄私愤，投放毒害性物质，危害公共安全，并造成众多人员死亡的特别严重后果，其行为已构成投放危险物质罪，依照刑法第 115 条第 1 款、第 57 条第 1 款和刑法修正案（三）第 2 条、“两高”《关于执行刑法确定罪名的补充规定》的规定，以投放危险物质罪判处陈某死刑，剥夺政治权利终身。一审宣判后，陈某不服，上诉至江苏省高级人民法院。同年 10 月 11 日，江苏省高级人民法院依法审理后作出二审裁定。裁定认为，原审人民法院认定上诉人陈某投放危险物质的事实清楚，证据确实、充分，适用法律正确，定罪准确，量刑适当，审判程序合法，依照刑事诉讼法第 189 条第 1 项的规定，裁定驳回上诉，维持原判，并依法核准陈某死刑，剥夺政治权利终身。

【专家评析】

投放危险物质罪具有以下特征：（1）案发原因的复杂性。如为婚姻、恋爱、奸情，或为邻里纠纷，也可能心理变态。（2）案件发生的隐蔽性。行为人往往选择没有他人的场所投放危险物质，行为的过程不易被发现。而且，危险物品低剂量就可以使人毙命，所以携带过程也难以被人发现，办案机关获取犯罪的直接证据也就相对困难。(3) 危险物质来源的复杂性。行为人使用毒物的种类繁多，不同种类的毒物的毒理作用又各不相同，即使是同一毒物，因其比配分量不一致，也会导致不同的症状反应。因此，对于毒物来源、主要品种成分等的调查比较困难。(4) 案件的社会影响恶劣。投毒案件的直接后果是致受害人受伤或死亡，直接影响家庭、社会稳定，社会危害性严重。

本案中，陈某出于生意竞争上的妒忌心理，在陈某某经营的餐馆食物原料中投放有毒物品，已经构成投放危险物质罪。根据刑法第115条第1款的规定，犯投放危险物质罪致人重伤、死亡时，应当以投放危险物质罪论处，且处以10年以上有期徒刑、无期徒刑或者死刑。本案中，由于陈某的卑劣投毒行为，导致300余无辜群众中毒，其中42人死亡，危害特别严重，社会影响巨大，依法应当处以死刑并立即执行。

【法条指引】

中华人民共和国刑法

第一百一十四条 放火、决水、爆炸以及投放毒害性、放射性、传染病病原体等物质或者以其他危险方法危害公共安全，尚未造成严重后果的，处三年以上十年以下有期徒刑。

第一百一十五条第一款 放火、决水、爆炸以及投放毒害性、放射性、传染病病原体等物质或者以其他危险方法致人重伤、死亡或者使公私财产遭受重大损失的，处十年以上有期徒刑、无期徒刑或者死刑。

最高人民法院关于审理破坏野生动物资源刑事案件具体应用法律若干问题的解释

第七条 使用爆炸、投毒、设置电网等危险方法破坏野生动物资源，构成非法猎捕、杀害珍贵、濒危野生动物罪或者非法狩猎罪，同时构成刑法第一百一十四条或者第一百一十五条规定之罪的，依照处罚较重的规定定罪处罚。

► 五、以危险方法危害公共安全罪

【宣讲要点】

1. 什么是以危险方法危害公共安全罪？该罪的犯罪构成要件是什么？

以危险方法危害公共安全罪，是指使用除放火、决水、爆炸、投放危险物质以外的危险性相当的其他危险方法，危害公共安全的行为。

本罪的构成要件是：侵犯的客体是公共安全，即不特定的多数人的生命、健康或者重大公私财产的安全。客观方面表现为使用与放火、投放危险物质、决水、爆炸方法的危险性相当的其他危险的方法，危害公共安全的行为。凡危险性不相当，不足以危害公共安全的，不能认定为其他危险方法。犯罪主体是一般主体，凡达到刑事责任年龄、具有刑事责任能力的自然人都可以成为本罪的主体。主观方面表现为明知自己的行为可能导致危害公共安全的严重后果，并且希望或者有意识地放任这种结果发生。

2. 以危险方法危害公共安全的具体表现有哪些？

以其他危险方法危害公共安全，具体表现为以放火、决水、爆炸以及投放危险物质以外的，但与上述危险方法危险性相当的危害公共安全的方法。司法实践中以危险方法危害公共安全的突出表现有：（1）以私设电网的危险方法危害公共安全。私设电网，是一种危害社会的行为。有关法律、法规明令禁止任何个人、单位未经有关部门批准擅自架设电网，否则造成严重后果的，要依法追究行为人的法律责任。同时，私设电网也是一种危险方法，其侵犯的客体是公共安全，即对象是不特定多数人的生命、健康或者重大公私财产的安全。这种行为，无论是从主观方面还是从客观方面，都符合以危险方法危害公共安全罪的构成特征。（2）以驾车撞人的危险方法危害公共安全。以驾车撞人的危险方法危害公共安全这种犯罪，行为人在主观上往往是出于故意。这种危险方法与放火、决水、爆炸以及投放危险物质的危害性相当，其危害的是不特定的多数人的生命、健康安全，符合以危险方法危害公共安全罪的构成特征。（3）以制、输坏血、病毒血的危害方法危害公共安全。以制、输坏血、病毒血的危害方法危害公共安全的这种行为，行为人在主观上属于故意，目的往往是牟取非法暴利或者报复社会，其直接危害不特定的多数人的生命、健康安全，符合以危险方法危害公共安全罪的构成特征。（4）以开枪的危险方法危害公共安全。以向人群开枪的危险方法危害公共安全这种犯罪，行为人在主观上属于故意，目的往往是报复社会或者寻求新奇刺激而向人群开枪射击。这种行为，直接危害不特定的多数人的生命、健康安全，符合以危险方法危害公共安全罪的构成特征。

3. 以危险方法危害公共安全案的立案标准是什么？

以放火、决水、爆炸以及投放危险物质以外的，但与上述危险方法危险性相当的危害公共安全的，应予立案追究。

4. 对以危险方法危害公共安全罪如何处罚？

犯以危险方法危害公共安全罪，尚未造成严重后果的，处 3 年以上 10 年以下有期徒刑；致人重伤、死亡或者使公私财产遭受重大损失的，处 10 年以上有期徒刑、无期徒刑或者死刑。

【典型案例】

伍某、伍某某同为贵州省关岭县农民。2005 年 1 月 7 日凌晨 4 时许，他们伙同他人在昆明市的道路上，先后盗窃云南移动通信有限公司设置的窨井盖 6 个，价值 4800 元。一审人民法院审理认为，伍某、伍某某以非法占有为目的，秘密窃取数额较大的公共财物，在侵犯公私财产所有权的同时，也侵犯了不特定多数人的生命、健康或重大公私财产的安全。因此，两人被人民法院以危险方法危害公共安全定罪判处有期徒刑各 5 年。伍某不服，提出上诉。昆明中院驳回上诉，维持一审原判。

【专家评析】

我国刑法之所以要把以危险方法危害公共安全罪作为一个独立的罪名，是因为以危险方法危害公共安全的犯罪，其具体的犯罪方式也多种多样，并且随着社会政治、经济、文化的不断发展，除了放火、决水、爆炸、投放危险物质以外，新的危害公共安全的犯罪方法、犯罪形式可能层出不穷，法律不可能也没有必要把所有危害公共安全罪的危险方法一一列举出来。对其他不常见的危险方法作一概括性的定义，符合运用法律武器同各种危害公共安全的犯罪作斗争、保卫社会公共安全的实际需要。需要注意的是，该罪在主观方面表现为犯罪的故意，既包括直接故意，也包括间接故意。即行为人明知其实施的危险方法会危害公共安全，危害不特定的多数人的生命、健康或者公私财产安全的严重后果，可能积极追求这种结果发生，也可能是放任这种结果的发生。在司法实践中，这种案件除少数对危害公共安全的严重后果持希望态度属于直接故意构成外，其他多数持放任态度属于间接故意。

本案的争议焦点在于对两被告人应以盗窃罪论处还是应以危害公共安全罪论处。首先，就犯罪客体而言，以危险方法危害公共安全和其他危害公共安全罪一样，侵犯的客体都是不特定多数人的生命、健康和重大公私财产的安全。所谓“不特定”，是指行为人的行为可能侵害的对象和可能造成的危害后果事前无法确定，行为人对此既无法预料，又无法控制。本案中，虽然被告人的盗窃行为直接侵犯的是窨井盖，但因其行为的地点是公共道路，盗窃的时间是凌晨，正值车辆和行人视线不佳，人员或车辆稍不留神就会跌落井道，客观上足以使不特定人的生命、健康及公私财产的安全处于危险状态，这种危险可能侵害的对象和可能造成的危害后果也是事前无法确定，因此本案所侵犯的客体符合危害公共安全罪的构成要件标准。其次，在犯罪主观方面，行为人的具体行为是否构成以危险方法危害公共安全罪，不能以行为人主观上是否直接侵害公共安全为依据，行为人明知其行为可能具有产生不特定严重后果的可能性和危险性而放任这种危害后果发生的，构成间接故意的以危险方法危害公共安全罪。本案中，被告人盗窃窨井盖的目的是为了谋利而不是故意危害公共安全，但作为成年人，两名被告人应当知道其盗窃窨井盖的行为会发生危害公共安全的后果而放之任之，足以使不特定人的生命、健康及公私财产的安全处于危险状态，即属于以危险方法危害公共安全罪的间接故意。最后，以危险方法危害公共安全罪的危险方法应足以产生与放火、爆炸、投放危险物质或者决水行为危险性相当的危害行为。本案中，被告人在公共道路上盗窃6个窨井盖，足以使不特定的行人和车辆处于危险状态，这种危险方法足以产生与放火、爆炸、投放危险物质或者决水行为危险性相当的危害后果。以危险方法危害公共安全罪是危险犯，只要实施了这种犯罪行为，并且这种危险性造成了某种危险结果的危险状态，即使最后没有造成实际的危害后果，也构成既遂。本案就属于这种情况，被告人的盗窃行为使不特定人的生命、健康及公私财产的安全处于危险状态，盗窃行为的完成就意味着以危险方法危害公共安全罪的成立。由此可见，被告人的行为构成以危险方法危害公共安全罪。当然，本案中被告人的盗窃行为同时构成盗窃罪，盗窃罪与以危险方法危害公共安全罪属于想象竞合犯，根据刑法理论，应择一重处，即以危险方法危害公共安全罪论处。

【法条指引】

中华人民共和国刑法

第一百一十四条 放火、决水、爆炸以及投放毒害性、放射性、传染病病原体等物质或者以其他危险方法危害公共安全，尚未造成严重后果的，处三年以上十年以下有期徒刑。

第一百一十五条第一款 放火、决水、爆炸以及投放毒害性、放射性、传染病病原体等物质或者以其他危险方法致人重伤、死亡或者使公私财产遭受重大损失的，处十年以上有期徒刑、无期徒刑或者死刑。

最高人民法院关于审理破坏野生动物资源刑事案件具体应用法律若干问题的解释

第七条 使用爆炸、投毒、设置电网等危险方法破坏野生动物资源，构成非法猎捕、杀害珍贵、濒危野生动物罪或者非法狩猎罪，同时构成刑法第一百一十四条或者第一百一十五条规定之罪的，依照处罚较重的规定定罪处罚。

最高人民法院、最高人民检察院关于办理组织和利用邪教组织犯罪案件具体应用法律若干问题的解释（二）

第十条 邪教组织人员以自焚、自爆或者其他危险方法危害公共安全的，分别依照刑法第一百一十四条、第一百一十五条第一款以危险方法危害公共安全罪等规定定罪处罚。

最高人民法院、最高人民检察院关于办理妨害预防、控制突发传染病疫情等灾害的刑事案件具体应用法律若干问题的解释

第一条 故意传播突发传染病病原体，危害公共安全的，依照刑法第一百一十四条、第一百一十五条第一款的规定，按照以危险方法危害公共安全罪定罪处罚。

▶ 六、失火罪

【宣讲要点】

1. 什么是失火罪？该罪的犯罪构成要件是什么？

失火罪，是指由于行为人的过失引起火灾，造成严重后果，危害公共安全的行为。

本罪的构成要件是：侵犯的客体是公共安全，即不特定多数人的生命、健康或重大公私财产的安全。从实践来看，本罪对公共安全的危害通常表现为，既危害不特定多数人的生命、健康，又危害重大公私财产安全两种情况。由于火的燃烧须依附于财物，没有财物的燃烧，火势就难以危及不特定多数人的人身，因此单纯危害不特定多数人的生命、健康的情况是罕见的。本罪在客观方面表现为行为人实施引起火灾，造成严重后果的危害公共安全行为。本罪主体为一般主体，凡达到法定刑事责任年龄、具有刑事责任能力的人均可成为本罪主体。国家工作人员或者具有从事某种业务身份的人员，在执行职务中或从事业务过程中过失引起火灾，不构成失火罪。本罪在主观方面表现为过失。既可出于疏忽大意的过失，即行为人应当预见自己的行为可能引起火灾，因为疏忽大意而未预见，致使火灾发生；也可出于过于自信的过失，即行为人已经预见自己的行为可能引起火灾，由于轻信火灾能够避免，结果发生了火灾。这里疏忽大意、轻信能够避免，是指行为人对火灾危害结果的心理态度，而不是对导致火灾的行为的心理态度。实践中有的案件行为人对导致火灾的行为是明知故犯的，如明知在特定区域内禁止吸烟却禁而不止等，但对火灾危害结果既不希望，也不放任其发生。这种案件应定为失火罪。行为人对于火灾的发生，主观上具有犯罪的过失，是其负刑事责任的主观根据。如果查明火灾是由于人不可抗拒或不能预见的原因所引起，如雷击、地震等引起的火灾，则属于意外事故，不涉及犯罪问题。

2. 失火的具体表现有哪些？

首先，行为人必须有引起火灾的行为。失火一般发生在日常生活中，如吸烟引起火灾，取暖做饭用火不慎引起火灾。做饭不照看炉火，安装炉灶、烟囱不合防火规则，在森林中乱烧荒，或者架柴做饭、取暖，不注意防火，以致酿成火灾，造成重大损失，就构成失火罪。如果在工作中严重不负责任或擅离职守，或者在生产中违章作业或强令他人违章作业而引起火灾，则分别构成玩忽职守罪或者重大责任事故罪。如果火灾不是由于行为人的失火行为引起的，而是由于自然原因引起的，不构成失火罪。

其次，行为人的行为必须造成严重后果，即致人重伤、死亡或者使公私财产遭受重大损失。仅有失火行为，未引起危害后果，或者危害后果不严重，不构成失火罪，而属一般失火行为。

最后，上述严重后果必须是失火行为所引起，即同失火行为有着直接的因果关系。这一特征是行为人负刑事责任的客观根据。

3. 失火案的立案标准是什么？

过失引起火灾，涉嫌下列情形之一的，应予立案追诉：（1）造成死亡1人以上，或者重伤3人以上的；（2）造成公共财产或者他人财产直接经济损失50万元以上的；（3）造成10户以上家庭的房屋以及其他基本生活资料烧毁的；（4）造成森林火灾，过火有林地面积2公顷以上，或者过火疏林地、灌木林地、未成林地、苗圃地面积4公顷以上的；（5）其他造成严重后果的情形。

4. 对失火罪如何处罚?

犯失火罪，处3年以上7年以下有期徒刑；情节较轻的，处3年以下有期徒刑或者拘役。

5. 如何区分本罪与放火罪?

失火罪与放火罪在客观上都表现为与火灾有关的危害公共安全的行为，都侵害了社会公共安全。但同时，两者也有明显区别。首先，在客观方面，失火罪必须造成致人重伤、死亡或者使公私财产遭受重大损失的严重后果，才能构成。放火罪并不以发生上述严重后果作为法定要件，只要实施足以危害公共安全的放火行为，放火罪即能成立。其次，放火罪有既遂、未遂之分。失火罪是过失犯罪，不存在犯罪未遂问题。第三，主体要件处罚年龄不同，放火罪年满14周岁不满16周岁的人即可构成；失火罪年满16周岁的人才负刑事责任。最后，主观罪过形式不同。放火罪由故意构成，失火罪则出于过失。这是两种犯罪性质的根本区别所在。

司法实践中，有时会发生过失犯罪转化为故意犯罪的情况。例如，某人在集体宿舍吸烟时将未熄灭的火柴头扔到垃圾筒里，当即起火。这时行为人基于先行义务应奋力灭火，以避免火灾发生。如果此时行为人漠不关心，任火势蔓延，在其能够履行义务的情况下，明知不灭火可能造成火灾，却不予履行，听任火灾发生。这时行为人主观罪过已转化为间接故意，因而构成以不作为形式实施的放火罪，不应再以失火罪论处。

【典型案例】

高某等3人于2007年4月2日14时许，在某租种地内放火烧荒，因风势大且三人控制不力，致使该租种地南侧3个温室大棚及26棵杨树被烧毁，经鉴定火灾共造成损失人民币50余万元。高某等3人被当场抓获。后被告人家属积极进行了赔偿，并取得了受害农户的谅解。同年7月25日，北京市顺义区人民法院依照刑法第115条第2款、第72条第1款、第73第2、3款，判高某、张某、高某某犯失火罪，均处有期徒刑3年，缓刑3年。

【专家评析】

失火罪是过失犯罪，失火行为是否造成严重后果，是区分失火罪与非罪的界限。实践中，处理失火案首先要查明行为人的行为与失火事件的发生有没有刑法上的因果关系。其次，要查明损失的大小。火灾的发生虽与行为人的过失行为之间有因果关系，但由于及时扑灭而没有产生危害后果，或者造成的损失轻微的，也不构成失火罪，可由公安机关按照治安管理处罚法的规定处罚，或者由有关单位给予批评教育或者行政处分。在失火行为造成了严重后果，构成失火犯罪的情况下，一般在法定的基本量刑档次内给行为人裁量刑罚。也就是说，失火行为造成了致人重伤、死亡或使公私财产遭受重大损失的严重后果，一般在3年以上7年以下有期徒刑这一量刑档次内裁量刑罚。但是，在失火行为造成了严重后果的前提下，综合考察分析犯罪行为人主客观方面的情况，如果情节较轻的，在3年以下有期徒刑或者拘役这一量刑幅度内裁量刑罚，这是特殊的量刑幅度，适用于“情节较轻的”这种情况。如果综合考察分析犯罪的主客观方面的情节，不属于情节较轻的，则只能在基本的量刑幅度内裁量刑罚。

本案中，行为人主观上对火灾的发生是持过失心理的，即行为人在风力较大的情况下明知放荒行为可能造成火灾，但因自信能够控制火势而实施放荒行为，属于过于自信的过失。如果事发当时天气良好，大风属于“突发而至”，不可预料，则虽然行为人在野地放荒，违反了相关规定，也不宜以失火罪论处。因为突然刮起大风是不可预见的，应该定性为意外事件，被告人只需承担民事赔偿责任。客观上，行为人放荒的行为造成了50余万元的重大损失。因此，对被告人应当以失火罪论处。由于三被告在起火后采取了积极的控制火势行为，并通过家属对受害农户进行了积极赔偿，依法可以认定为情节较轻，判处3年有期徒刑并执行缓刑。

【法条指引】

中华人民共和国刑法

第一百一十五条 放火、决水、爆炸以及投放毒害性、放射性、传染病病原体等物质或者以其他危险方法致人重伤、死亡或者使公私财产遭受重大损失的，处十年以上有期徒刑、无期徒刑或者死刑。

过失犯前款罪的，处三年以上七年以下有期徒刑；情节较轻的，处三年以下有期徒刑或者拘役。

▶ 七、过失决水罪

【宣讲要点】

1. 什么是过失决水罪？该罪的犯罪构成要件是什么？

过失决水罪，是指过失决水引起水灾危害公共安全，造成严重后果的行为。

本罪的构成要件是：侵犯的客体是社会公共安全，即不特定多数人的生命、健康或者重大公私财产的安全。该罪在客观方面表现为实施危害公共安全的决水行为并且造成了严重后果。行为人必须实施引起水灾即改变水势使之泛滥成灾的行为。这种行为多数是由于行为人不注意公共安全以致酿成水灾。如果是负责防洪的工作人员，在工作中严重不负责任或擅离职守，过失引起水灾，致人重伤、死亡或者使公私财产遭受重大损失的不构成该罪。构成该罪必须已经造成法定的严重后果并且这种严重后果是由过失行为所引起的，即致人重伤、死亡或者使公私财产遭受重大损失。如果造成的危害后果不严重或者未造成危害后果，不构成该罪。这两者存在着因果关系。该罪主体为一般主体，即达到刑事责任年龄、具备刑事责任能力的人均可构成。该罪在主观方面表现为过失，包括过于自信的过失和疏忽大意的过失。其主观表现为行为人已经预见其行为可能引起水灾危害公共安全，并轻信能够避免，或者应当预见，因疏忽大意而未预见，以致发生了危害公共安全的严重后果。如果行为人对其行为引起的水灾并未预见，而且根据案件发生时的主客观情况分析，行为人也不可能预见，则属于意外事件，不负刑事责任。

2. 过失决水的具体表现有哪些？

首先，行为人必须实施引起水灾即改变水势使之泛滥成灾的行为。这种行为多数是由于行为人不注意公共安全以致酿成水灾。如果是负责防洪的工作人员，在工作中严重不负责任或擅离职守，过失引起水灾，致人重伤、死亡或者重大公私财产遭受重大损失的不构成该罪。

其次，构成该罪必须已经造成法定的严重后果并且这种严重后果是由过失行为所引起的，即致人重伤、死亡或者重大公私财产遭受重大损失。如果造成的危害后果不严重或者未造成危害后果，不构成该罪。这两者存在着因果关系。

3. 过失决水案的立案标准是什么？

过失决水引起水灾危害公共安全，造成严重后果的，应予立案追究。

4. 对过失决水罪如何处罚？

犯过失决水罪，处3年以上7年以下有期徒刑；情节较轻的，处3年以下有期徒刑或者拘役。

5. 如何区分本罪与决水罪？

过失决水罪与决水罪都是以决水的危险方法危害公共安全的犯罪，两者区别是：（1）主观方面不同。过失决水罪是出于过失，决水罪是出于故意。（2）客观方面不同。过失决水罪必须是造成法定的严重后果，即致人重伤、死亡或者使公私财产遭受重大损失的才能定罪。而决水罪只要是故意实施危害公共安全的决水行为，无论是否发生严重后果都构成犯罪。（3）决水罪有既遂、未遂之分，过失决水罪则没有未遂的形态。

【典型案例】

2006年6月18日凌晨，英德市连降暴雨，石牯塘镇山上的白水寨电站发生挡水坝溃决，25万立方米（相当于167个标准游泳池）的水呼啸而下，到山脚下又把锦潭电站冲垮。接着，大水淹没了大片村庄、农田，部分农作物、经济作物及公路、桥梁均遭受损害，造成损失合计人民币16346517元。经调查，邝某某作为白水寨电站投资人，在建设过程中擅自改变设计方案，将挡水坝两岸浆彻石坝改为土坝，且土坝坝顶高度没有达到设计高度，没有安全鉴定和竣工验收，从而导致惨祸发生。同年12月30日，英德市人民法院依法作出刑事附带民事判决，认定邝某某的行为已经构成过失决水罪，判处有期徒刑4年，并赔偿刑事附带民事诉讼原告人经济损失730余万元。宣判后，邝某某不服判决提起上诉，案件经清远市中级人民法院二审后，维持原判。

【专家评析】

本案的争议焦点在于2006年6月18日白水寨电站挡水坝溃决是自然灾害还是应对被告人邝某某以过失决水罪论处。自然水灾，即并非人为的水灾，是由于不可抗拒的自然条件因素所造成，如山洪暴发、雨水过多、河堤决口、地震等原因造成的水灾。而过失决水罪则是由于行为人的过失行为而引起的水灾，造成危害公共安全的严重后果。查明自然灾害还是过失决水罪，关键在于查明行为人的主观心态和案件发生时的主客观情况。如果行为人已经预见其行为可能引起水灾危害公共安全，并轻信能够避免，或者应当预见，因疏忽大意而未预见，以致发生了危害公共安全的严重后果，则构成过失决水罪。如果行为人对其行为引起的水灾并未预见，而且根据案件发生时的主客观情况分析行为人也不可能预见，则属于意外事件，不负刑事责任。

本案中，行为人作为白水寨电站投资人，在建设过程中擅自改变设计方案，将挡水坝两岸浆彻石坝改为土坝，且土坝坝顶高度没有达到设计高度，没有安全鉴定和竣工验收，从而导致抗洪能力降低，可以认定为其主观上具有疏忽大意的过失。客观上，正是由于行为人擅自改变设计方案，导致抗洪能力变弱，最终酿成惨剧，经济损失达到1634万之多。根据刑法第115条第2款之规定，应当对邝某某以过失决水罪论处。

【法条指引】

中华人民共和国刑法

第一百一十五条 放火、决水、爆炸以及投放毒害性、放射性、传染病病原体等物质或者以其他危险方法致人重伤、死亡或者使公私财产遭受重大损失的，处十年以上有期徒刑、无期徒刑或者死刑。

过失犯前款罪的，处三年以上七年以下有期徒刑；情节较轻的，处三年以下有期徒刑或者拘役。

▶ 八、过失爆炸罪

【宣讲要点】

1. 什么是过失爆炸罪？该罪的犯罪构成要件是什么？

过失爆炸罪，是指由于过失引起爆炸，使不特定的多数人伤亡或者公私财产遭受重大损失的行为。

本罪的构成要件是：侵犯的客体是公共安全，即不特定多数人的生命、健康、重大公私财产的安全。客观方面表现为过失引起爆炸，危害公共安全，造成致人重伤、死亡或者使公私财产遭受重大损失的严重后果的行为。本罪的主体为一般主体，即凡是达到法定刑事责任年龄、具备刑事责任能力的人均可成为本罪主体。本罪在主观方面表现为过失，既可以是过于自信的过失，行为人对其引起爆炸的行为可能造成危害公共安全的严重后果已经预见，但轻信能够避免；也可以是疏忽大意的过失，即行为应当预见其爆炸行为可能造成危害公共安全的严重后果，由于疏忽大意而未预见，以致发生了这种结果。这一特征是行为人负刑事责任的主观基础。爆炸行为虽然在客观上造成了危害公共安全的严重后果，但行为人对该结果并未预见，而且根据案件具体情况也不可能预见，则属于意外事件，行为人不负刑事责任。

2. 过失爆炸的具体表现有哪些?

现实生活中，过失爆炸行为的具体表现形式多种多样，但其共同特点都是由于行为人在日常生活中不注意安全引起的，如在易燃易爆物品仓库中乱扔烟头引起爆炸等。从行为方式看，过失爆炸行为，既可以是作为，也可以是不作为。以不作为方式完成的过失爆炸罪，行为人必须负有特定的义务。

3. 过失爆炸案的立案标准是什么?

由于过失引起爆炸，使不特定的多数人伤亡或者公私财产遭受重大损失的，应予立案追究。

4. 对过失爆炸罪如何处罚?

犯过失爆炸罪，处 3 年以上 7 年以下有期徒刑；情节较轻的，处 3 年以下有期徒刑或者拘役。

5. 如何认定过失爆炸罪的罪与非罪?

区分是否构成过失爆炸罪，关键要查明以下四点：

（1）行为人是否实施了过失引起爆炸的行为。如果爆炸不是由于行为人的过失行为引起的，而是由于自然原因或者其他不能预见、不可抗拒的原因引起的，则不成立过失爆炸罪。

（2）过失引起爆炸的行为是否危害到公共安全，即危害不特定多数人的生命、健康或者重大公私财产的安全。如果行为人实施了过失爆炸的行为，但没有危害到公共安全，则不成立过失爆炸罪。

（3）是否造成严重后果。构成本罪，必须造成不特定多数人的重伤、死亡或者造成公私财产的重大毁损。如果尚未发生危害结果，或者发生的危害结果尚未达到致人重伤、死亡或者使公私财产遭受重大损失的严重程度的，则不构成过失爆炸罪。

（4）过失引起爆炸的行为与严重后果之间是否具有因果关系。构成本罪，要求致人重伤、死亡或者使公私财产遭受重大损失的严重后果是由于行为人的过失爆炸行为引起的。

6. 如何区分本罪与爆炸罪?

过失爆炸罪与爆炸罪都是以爆炸的危险方法危害公共安全的犯罪。二者的区别在于：（1）主观方面不同。过失爆炸罪是出于过失，而爆炸罪是由故意构成。（2）客观方面不同。过失爆炸行为只有造成致人重伤、死亡或者使公私财产遭受重大损失的严重后果，才构成犯罪；爆炸罪只要故意实施爆炸行为足以危害公共安全，无论是否造成严重后果，均可定罪。（3）主体要件的责任年龄不同。爆炸罪行为人年满14周岁就可以负刑事责任，过失爆炸罪行为人年满16周岁才能构成。（4）犯罪形态上不同。爆炸罪有既遂、未遂之分。过失爆炸罪不可能出现未遂形态。

【典型案例】

濮阳县户部寨乡供销社程某德在户部寨集老十字街经营宽宏商场，临近2011年春节，程某德无证经营两响炮等烟花爆竹。2011年1月30日15时许，程某德之妻任某香自商场杂物间向外搬运用编织袋装的两响炮至门口内两米处，冯某酒后抽着烟进入该商场，不听劝告，不慎引燃两响炮，导致编织袋内的两响炮爆炸，将正在商场内的户部寨乡户部寨村张某高炸死。经濮阳县公安局法医鉴定证实张某高颅骨爆裂伤，脑组织外溢，颅脑严重损伤致脑功能丧失而死亡。据此，人民法院一审判决：冯某犯过失爆炸罪，判处有期徒刑3年。

【专家评析】

本案的争议焦点在于冯某构成过失致人死亡罪还是过失爆炸罪。过失爆炸罪与过失致人重伤或致人死亡罪都是过失犯罪，当过失爆炸行为导致他人重伤或者死亡时，就会出现如何对行为进行定性的问题。

过失爆炸罪与过失致人重伤、死亡罪的主要区别在于：（1）侵犯的客体和对象不同；（2）客观方面表现不同。具体而言，过失爆炸罪侵犯的客体是公共安全，即不特定多数人的生命、健康和重大公私财产的安全，其侵犯的对象具有不确定性；过失致人重伤或致人死亡罪侵犯的客体是公民的生命、健康权利，侵犯的对象是特定的人身。过失爆炸罪既可以表现为致人重伤或死亡，也可以表现为使公私财产遭受重大损失；过失致人重伤或致人死亡罪虽然也造成他人重伤、死亡的结果，但不危害公共安全。如果过失爆炸的行为只引起特定人的伤亡，而不危害公共安全的，则应以过失致人重伤或致人死亡罪论处。

本案中，认定被告人冯某构成过失爆炸罪还是过失致人死亡罪，关键在于查明其过失爆炸行为是否危害公共安全。首先，冯某主观上具有过失心理，明知宽宏商场在经营两响炮等烟花爆竹而抽烟进入该商场，并且不听劝告，属于过于自信的过失。其次，冯某的过于自信行为不慎引燃两响炮，导致编织袋内的两响炮爆炸，将正在商场内的张某高炸死，客观上产生了他人死亡的严重后果。而张某高的死并不是冯某刻意所为，冯某的过失爆炸行为危害的是不特定人的生命和健康权利，因为营业期间的商场属于公共场所，顾客和服务人员你来我往。冯某吸烟进入经营烟花爆竹的商场，尚不足以认定其会危害公共安全；但由于与之有因果关系的张某高被炸死亡后果，可以认定冯某构成过失爆炸罪。

【法条指引】

中华人民共和国刑法

第一百一十五条 放火、决水、爆炸以及投放毒害性、放射性、传染病病原体等物质或者以其他危险方法致人重伤、死亡或者使公私财产遭受重大损失的，处十年以上有期徒刑、无期徒刑或者死刑。

过失犯前款罪的，处三年以上七年以下有期徒刑；情节较轻的，处三年以下有期徒刑或者拘役。

▶ 九、过失投放危险物质罪

【宣讲要点】

1. 什么是过失投放危险物质罪？该罪的犯罪构成要件是什么？

过失投放危险物质罪，是指过失投放毒物，危害公共安全的行为。

本罪的构成要件是：侵犯的客体是公共安全，即不特定多数人的生命、健康和重大公私财产安全。客观方面表现为实施引起中毒，造成严重后果危害公共安全的行为。这是行为人负刑事责任的客观基础。根据刑法规定，只有发生法定严重后果，即致人重伤、死亡或者使公私财产遭受重大损失，才能构成本罪。未发生中毒后果，或者造成的后果尚未达到法定的严重程度，不构成本罪。犯罪主体为一般主体，即达到法定刑事责任年龄、具有刑事责任能力的人均可构成。本罪在主观方面表现为过失，包括过于自信的过失和疏忽大意的过失，即行为人对其行为可能引起中毒，造成危害公共安全的严重后果已经预见，而轻信能够避免，或者对这种严重后果应当预见，由于疏忽大意没有预见，以致发生了严重的中毒事故。这一特征是本罪区别于投毒罪的关键所在。

2. 过失投放危险物质的具体表现有哪些？

过失投放危险物质具体表现为实施引起中毒从而危害公共安全的行为。比如，把喷过敌敌畏的蔬菜未冲洗净，到集市出卖，致购食者多人中毒；误将毒药投入饲料中，致使大量牲畜食后中毒等。在日常生活中，有的人把装过农药的口袋与粮食口袋混杂在一起，把瓶装敌敌畏与瓶装食油放在一起，因不慎误用农药口袋装粮食，误用敌敌畏炒菜，以致造成多人中毒死亡的严重后果，就构成过失投毒罪。如果没有引起中毒的行为表现，或者致人中毒的行为并不危害公共安全，均不能定过失投毒罪。例如误将毒药当作药品给特定人服用致死，根据案件具体情节，可定为过失致人死亡罪。

3. 过失投放危险物质案的立案标准是什么？

过失投放毒害性、放射性、传染病病原体等物质，使不特定的多数人伤亡或者公私财产遭受重大损失的，应予立案追究。

4. 对过失投放危险物质罪如何处罚？

犯过失投放危险物质罪，处 3 年以上 7 年以下有期徒刑；情节较轻的，处 3 年以下有期徒刑或者拘役。

5. 如何区别本罪与投放危险物质罪？

两罪都是以投放危险物质的危险方法危害公共安全的犯罪，其客体要件、犯罪手段相同。区别主要在于以下四个方面：（1）投放危险物质罪是故意犯罪，过失投放危险物质罪是过失犯罪，二者对危害结果的态度是根本不同的。(2)过失投放危险物质罪在客观上以造成法定的严重后果作为构成犯罪的必备要件，未造成他人重伤、死亡或使公私财物遭受重大损失的，不构成犯罪。投放危险物质罪只要具有危害公共安全的投毒行为，不论是否造成严重后果，都作犯罪处理。(3)投放危险物质罪有既遂、未遂之分，过失投放危险物质罪是过失犯罪，不存在犯罪未遂。(4)主体要件责任年龄不同。投放危险物质罪年满14周岁即可构成，过失投放危险物质罪年满16周岁才负刑事责任。

6. 如何区分本罪与过失致人重伤、致人死亡罪?

首先，侵犯的客体不同。过失投放危险物质罪侵犯的客体是公共安全，即不特定多数人的生命、健康和重大公私财产的安全，侵犯的对象具有不确定性；而过失重伤、过失致人死亡罪侵犯的客体是公民的生命、健康权利，侵犯的对象是特定的。

其次，客观方面表现不同。过失投放危险物质罪表现为行为人过失投放危险物质，危害公共安全，造成不特定多数人的伤亡或者使公私财产遭受重大损失的行为；而过失致人重伤、致人死亡罪则表现为过失引起特定人的重伤或者死亡结果的发生。

【典型案例】

王某为了防止自己种的松树苗被野兔啃坏，就在卷心菜菜叶上撒上农药氟乙酸，然后将菜叶投放在清水镇石山则村秦家沟门自家树林地里。后王某将此事通过本人及其子王某某告知村里的养羊户。张某赶着自家养殖场的60余只羊放牧经过王某家的林地时，部分羊吃了沾有农药的菜叶，致使3只陕北白绒公种山羊、24只陕北白绒山羊死亡。经鉴定27只羊价值33900元。经该村村委会、镇政府主持调解，双方当事人自愿达成调解协议，并将赔偿款全部兑现。

【专家评析】

过失投放危险物质罪，是指由于行为人的过失引起中毒，造成严重后果，危害公共安全的行为。如把喷过农药的蔬菜未冲洗净，到集市出卖，导致购食者多人中毒；误将毒药投入饲料，致使大量牲畜中毒死亡。北京朝阳区有一个案例，行为人误将小叔子（丈夫的弟弟）回老家时寄存在自己家的亚硝酸钠（俗称工业盐，外观与食用盐相似，有咸味）认作食用盐，加入其制作的毛鸡蛋中，并运至某小学附近出售，致使32名食用者中毒，其中一名3岁幼童经抢救无效死亡。人民法院经审判，认为行为人应当预见自己的行为可能危害到不特定多数人的生命健康，但由于疏忽大意而没有预见，致使损害结果发生，构成过失投放危险物质罪。但是对此判决也有人提出疑问：对一个目不识丁的农村妇女，认定其“疏忽大意”似乎不妥。所谓“疏忽大意”，是指应当预见而没有预见。但寄存人在寄存亚硝酸钠时没有明确告知行为人所寄存的是工业用盐，现实生活中即使是有一定文化知识的人仅凭肉眼也不易分辨清食盐和亚硝酸钠（需用化学或物理性质鉴别）。如果行为人是在自家食用盐用尽而尚未采购新的食用盐期间，图省事儿先借用寄存人的“食盐”，则其不构成刑法意义上的“疏忽大意的过失”，不能认定为过失犯罪，对此悲剧只能以意外事件论处（行为人及寄存人需要承担的民事责任另论）。

本案的关键也在这一问题，即行为人王某主观上对于张某家饲养的羊只损失是否具有过失。王某出于防止野兔啃咬自家林地松树苗的目的在自家林地里投放了喷洒过农药氟乙酸的卷心菜菜叶，而张某放羊经过，因羊只肯食卷心菜而导致27只羊死亡。那么，如何判定王某在自家林地里投放有毒卷心菜的行为对张某财产的损失是否具有刑法意义上的过失呢？这就不能简单地一概而论了，而是要综合考虑当地农民生产生活习惯、邻里关系等多种因素。如果当地农民养殖户较多，放牧时经常会进入他人山地、林地，且被互相接受，则王某在投放有毒卷心菜时就应当预见其行为会危害他人放养的牛羊，如果王某没有预见则构成疏忽大意的过失，如果王某已经预见轻信能够避免则构成过于自信的过失，无论何种过失，王某均构成过失投放危险物质罪。但是，本案还有另外一个细节，即王某已经将其投放有毒卷心菜的行为告知了村里的养羊户，即已履行了告知和提醒义务，要求养羊户在放羊时避开自家林地。王某的这一告知行为即可以表明其已经预见到投放有毒卷心菜行为会造成危害后果，同时又证明其为防止这种后果的发生进行了积极的作为。此时，王某的行为已经不属于“轻信能够避免”，而是“采取积极措施以避免”危害发生。故对王某不能以过失投放危险物质罪论处。

【法条指引】

中华人民共和国刑法

第一百一十五条 放火、决水、爆炸以及投放毒害性、放射性、传染病病原体等物质或者以其他危险方法致人重伤、死亡或者使公私财产遭受重大损失的，处十年以上有期徒刑、无期徒刑或者死刑。

过失犯前款罪的，处三年以上七年以下有期徒刑；情节较轻的，处三年以下有期徒刑或者拘役。

▶ 十、过失以危险方法危害公共安全罪

【宣讲要点】

1. 什么是过失以危险方法危害公共安全罪？该罪的犯罪构成要件是什么？

过失以危险方法危害公共安全罪，是指过失以放火、决水、爆炸以及投放危险物质以外的危险方法危害公共安全，致不特定的多数人重伤、死亡或者使公私财产遭受严重损失的行为。

本罪的构成要件是：侵犯的客体是公共安全，即不特定多数人的生命、健康和重大公私财产的安全。客观方面表现为实施以其他危险方法危害公共安全，造成严重后果的行为。司法实践中，过失以其他危险方法危害公共安全的犯罪形式多种多样，具体犯罪方式，律法条文没有明确规定。在司法实践中应注意以下两点：（1）过失以其他危险方法是指过失以放火、决水、爆炸、投放危险物质以外的危险方法；（2）过失以其他危险方法是指与过失以放火、决水、爆炸、投放危险物质的危险性或者社会危害性相当的危害公共安全的方法。在客观方面必须同时具备以下三个特

征：一是行为人实施了以其他危险方法，即除放火、决水、爆炸以及投放危险物质以外的并与之相当的危险方法危害公共安全的行为。如果行为人采用的犯罪方法与放火、爆炸等方法的严重危险性显然不相称，不足以危害公共安全，就不符合该罪客观特征。二是已经造成了危害公共安全的严重后果，致不特定的多数人重伤、死亡或者使公私财产遭受严重损失。如果未造成危害结果或者危害结果不严重，均不构成该罪。三是严重后果必须是以其他危险方法危害公共安全的行为所造成。该罪主体是一般主体，凡达到法定刑事责任年龄、具有刑事责任能力的人均可构成。在主观方面表现为过失，包括过于自信的过失和疏忽大意的过失，即行为人对其使用其他危险方法可能发生的危害公共安全的严重结果已经预见，但轻信能够避免；或者应当预见这种严重结果可能发生，因为疏忽大意而没有预见，以致发生了这种严重结果。这两种过失对发生危害公共安全的严重后果均持否定态度，既不希望也不放任其发生。这一特征是行为人负有刑罚处罚的主观基础。

2. 过失以危险方法危害公共安全案的立案标准是什么?

过失以放火、决水、爆炸以及投放危险物质以外的危险方法危害公共安全，致不特定的多数人重伤、死亡或者使公私财产遭受严重损失的，应予立案追究。

3. 对过失以危险方法危害公共安全罪如何处罚?

犯过失以危险方法危害公共安全罪的，处3年以上7年以下有期徒刑；情节较轻的，处3年以下有期徒刑或者拘役。

4. 如何区分本罪与以危险方法危害公共安全罪?

两罪在客观方面都表现为使用其他危险方法危害公共安全的行为。但前者必须是发生致人重伤、死亡或者公私财产遭受重大损失的严重后果，才构成犯罪；后者只要实施危害公共安全的行为，即使尚未造成严重后果，也构成犯罪。在主观方面前者由过失构成，后者则出于故意。在司法实践中，对间接故意与过于自信的过失构成的上述犯罪区分比较困难。二者行为人对其行为可能造成的危害公共安全的严重后果均已预见，并且都不希望结果发生。但前者虽不希望却未采取避免结果发生的任何措施，而是心存侥幸任其发生，危害结果发生与否均不违背行为人的意愿。后者行为人则采取一定的措施，或者相信具有可能防止结果发生的主客观条件，只是过高地估计和轻信了这些条件，才使得危害结果未能避免，发生这种危害结果违背行为人的意愿。

【典型案例】

2009年7月24日16时许，和某为了驱赶、猎捕危害群众的野猪，在灵宝市川口乡秦家河村杜圪塔组的其住处附近通往村民地里的小路上、村民何某某的苹果园、玉米地等处架设自制电网。晚8时许，电网架设完毕后，被告人和某将电源接通，大约四五分钟后，秦家河村杜圪塔组村民何某某下地回家路过时，被电网电伤，被告人和某发现后联系其家人将被害人何某某送医院抢救无效死亡，后经鉴定，被害人何某某系触电致心脏骤停死亡。本案发生后，经村干部调解，被告人和某与被害人何某某家属就民事赔偿达成协议，和某赔偿何某某家属经济损失50000元。法院依照刑法第115条之规定，判决：和某犯过失以危险方法危害公共安全罪，判处有期徒2年。

【专家评析】

过失以危险方法危害公共安全罪是过失以放火、决水、爆炸以及投放危险物质以外的危险方法危害公共安全，致不特定的多数人重伤、死亡或者使公私财产遭受严重损失的行为。认定本罪，关键在于认定行为人是否具有刑法意义上的过失，即行为人对危害结果是否应当预见而没有预见或者已经预见但轻信能够避免。前者是疏忽大意的过失，后者是过于自信的过失。另外，还要注意区分过于自信的过失和间接故意的区别，即一个在意志上是不希望危害结果发生的，而另一个则对危害结果的发生持放任态度。

本案中，和某为了驱赶、猎捕野猪，在路上、果园和玉米地里私设电网，应当预见电网接通电源后可能会产生电击致人伤亡的危害后果。但因过于自信，即轻信他人不会接近或者触碰电线，导致了受害人何某某触电死亡结果的发生。因此，应当对和某以过失危险方法危害公共安全罪论处。如果和某私设电网的目的不是为了驱赶、猎捕野猪，而是出于追求刺激、取乐目的，则他对发生受害人死亡的主观心理性质就从“不希望”转变为“放任”，此时就不能再认定为过失以危险方法危害公共安全罪，而是以危险方法危害公共安全罪（间接故意）。

那么，如果和某只是在自家果园里私设电网，出现他人（比如偷摘水果者）触电死亡的，如何认定和某的行为性质呢？危害公共安全犯罪，行为人的危害行为指向的是不特定的人。所谓“不特定的人”，是指行为威胁到公众中不确定的一个或多个人，因而具有公共危险性。“不特定”是独立于行为人主观意识与意志的客观判断，这一点是我国刑法理论和司法实务界的一致性意见。根据这一规则，“不特定”需要自然地或者物理地观察与分析，排斥行为人的主观意识与意志。尽管行为客观上只能（或者实际上只是）威胁（或者损害）一个人或者几个人的生命、健康、财产，只要行为对象具有不确定性，行为具有针对公众的社会危险性，即属于危害公共安全。

最典型的是刑法教科书常举的例子：甲欲杀害乙，向乙所在的人群中投掷炸弹，结果（或者可能）炸死炸伤许多人。在这种情况下，即使爆炸行为实际上炸死少数人，也属于危害公共安全的爆炸罪，因为甲投掷炸弹的行为所指向的是不特定的人，虽然事实上是少数，但存在向多数发展的现实可能性。同样道理，和某在自家果园里私设电网一定不会同时电死、电伤众多的人，实际上也没有出现这种情况。但是，却威胁到了不特定的人，这种行为即危害了公共安全，构成危害公共安全罪。不过，如果和某是在自家屋内设置电网等危险装置而致他人死亡的，因与公共安全无关，则不能构成本罪。

【法条指引】

中华人民共和国刑法

第一百一十五条 放火、决水、爆炸以及投放毒害性、放射性、传染病病原体等物质或者以其他危险方法致人重伤、死亡或者使公私财产遭受重大损失的，处十年以上有期徒刑、无期徒刑或者死刑。

过失犯前款罪的，处三年以上七年以下有期徒刑；情节较轻的，处三年以下有期徒刑或者拘役。

最高人民法院、最高人民检察院关于办理妨害预防、控制突发传染病疫情等灾害的刑事案件具体应用法律若干问题的解释

第一条 故意传播突发传染病病原体，危害公共安全的，依照刑法第一百一十四条、第一百一十五条第一款的规定，按照以危险方法危害公共安全罪定罪处罚。

患有突发传染病或者疑似突发传染病而拒绝接受检疫、强制隔离或者治疗，过失造成传染病传播，情节严重，危害公共安全的，依照刑法第一百一十五条第二款的规定，按照过失以危险方法危害公共安全罪定罪处罚。

▶ 十一、破坏交通工具罪

【宣讲要点】

1. 什么是破坏交通工具罪？该罪的犯罪构成要件是什么？

破坏交通工具罪，是指破坏火车、汽车、电车、船只、航空器，足以使火车、汽车、电车、船只、航空器发生颠覆、毁坏危险，尚未造成严重后果或者已经造成严重后果的行为。

本罪的构成要件是：侵犯的客体是交通运输安全，犯罪对象只限于正在使用中的火车、汽车、电车、船只或航空器，不包括三轮车、自行车、马车等非机动车和摩托车、拖拉机等机动车。但如果被破坏的拖拉机在某些偏远或者农村地区是被用作交通运输的工具，破坏拖拉机的行为足以危害交通运输安全的，则拖拉机也可以成为本罪的犯罪对象。破坏其他交通工具不足以危害公共安全的，如果造成人员伤亡或者财产损失，构成犯罪的，可以分别按故意杀人罪、故意伤害罪或者故意毁坏财物罪论处。本罪的犯罪对象还必须是正在使用中的交通工具。所谓“正在使用中”的交通工具，包括正在运行、航行中的交通工具，也包括临时停放在车库、路边、码头、机场上的已经投入交通运输，随时都可能开动的交通工具。客观方面表现为破坏火车、汽车、电车、船只、航空器，足以使火车、汽车、电车、船只、航空器发生颠覆、毁坏危险，尚未造成严重后果或者已经造成严重后果的行为，破坏行为只有足以使交通工具发生颠覆、毁坏危险的，才能构成犯罪。根据刑法规定，只要行为人破坏交通工具的行为足以使交通工具发生颠覆、毁坏危险，不论是否实际造成严重后果，即构成本罪。犯罪主体是一般主体，即凡达到刑事责任年龄、具有刑事责任能力的自然人都可以成为本罪的主体。主观方面表现为故意，即明知自己的行为可能会使交通工具发生颠覆、毁坏危险而希望或者有意识地放任这种结果发生。

2. 破坏交通工具的具体表现有哪些?

破坏的方法多种多样，如放火、爆炸、拆卸或砸毁重要机件，故意违章操作制造事故，在修理中制造隐患并交付使用等。实施破坏行为足以使火车等特定交通工具发生倾覆、毁坏的危险，才构成本罪。所谓倾覆是指车辆倾倒、颠覆、船只翻沉、航空器坠落等。所谓毁坏是指使交通工具完全报废，或受到严重破坏，以致不能行驶或不能安全行驶。倾覆、毁坏危险则指破坏行为虽未实际造成交通工具倾覆、破坏，但具有使之倾覆、毁坏的实际可能性和危险性。通常只有破坏正在使用的交通工具的重要部位和机件，如交通工具的操作驾驶系统，制动、刹车系统，以及破坏船体造成行船危险等，才可能产生这种实际可能性和危险性。有些破坏行为，使交通工具门窗破碎，车身表现凹陷，油漆剥落，从表面看，遍体鳞伤，但其机体性能完好，不影响安全运行，因而不构成破坏交通工具罪。有些破坏行为，从表面看，机体完好无损，但其关键机件遭受破坏、拆卸，足以使交通工具发生倾覆、毁坏危险，则构成破坏交通工具罪。因此，认定破坏交通工具的破坏程度，不应以给交通工具本身造成损失的价值大小为标准，而应以是否足以使交通工具发生倾覆、毁坏危险为根据。有的破坏行为可能只拆卸一个螺丝钉。一个螺丝钉本身的价值不大，但由于被拆卸，足以使交通工具发生倾覆、毁坏危险的，就构成破坏交通工具罪。一般而言，判断行为人的行为是否足以造成交通工具倾覆或者毁坏的危险，应从以下两个方面来判断：

（1）要看被破坏的交通工具是否正在使用期间。所谓正在使用的交通工具，不仅包括正在行驶或者飞行中的交通工具，也包括经过验收，在交付使用期间，停机待用的交通工具。因为，只有破坏这种正在执行和随时可能执行运输任务的交通工具，才能够危害公共安全，给人民群众的生命财产造成重大的损失。如果破坏正在制造、修理中的，或者已经报废的，或者虽然制造出成品，但尚未交付使用的交通工具。由于不可能构成对公共安全的威胁，因此，不能构成破坏交通工具罪，而应以故意毁坏财物罪论处。但是，如果负责修理交通工具的人员，在修理中故意进行破坏，或制造隐患，将受到破坏或尚未修复的交通工具交付使用，则构成破坏交通工具罪。

（2）要看破坏的方法和部位。一般地说，只有使用放火、爆炸等危险方法，或者用其他方法破坏交通工具的重要装置部件，才足以造成车翻、船沉、航空器坠落的严重后果，才能构成本罪。例如，在长途公共汽车中途停车休息时，甲把汽车的重要部件刹车泵偷偷拆下，汽车开动后，因不能刹车而造成翻车事故，致多人伤亡，甲的行为则构成破坏交通工具罪。如果只破坏上述交通工具中一些不影响安全运行的协助性设备，如门窗、玻璃、灯具、卧具、坐椅、卫生设备等，则不构成破坏交通工具罪；情节严重的，可以按故意毁坏财物罪论处。

破坏交通工具只要达到足以使之发生倾覆、毁坏危险，无论是否造成严重后果，均构成本罪的既遂。本罪是否存在未遂，刑法理论界有两种不同的观点。否定未遂存在的观点认为，本罪属于危险犯，以行为造成交通工具倾覆、毁坏危险作为法定的既遂标准。而行为人着手实施犯罪就具备了这种危险性，已经达到既遂状态，因而无既遂与未遂之分。肯定未遂存在的观点认为，根据本条的规定，本罪是以行为造成交通工具倾覆、毁坏的实际危险状态作为既遂的标志，通常行为实行终了才会产生这种实际危险状态。如果行为人虽已着手对交通工具进行破坏，但尚不足以造成交通工具倾覆、毁坏的实际危险状态，就构成本罪的未遂。比如，行为人刚着手破坏汽车的刹车系统，未容剪断刹车管即被当场抓获，而未得逞，就应按破坏交通工具未遂犯处理。后一种意见较为合理。

3. 破坏交通工具案的立案标准是什么？

破坏火车、汽车、电车、船只、航空器，足以使火车、汽车、电车、船只、航空器发生颠覆、毁坏危险的，应予立案追究。

4. 对破坏交通工具罪如何处罚？

构成破坏交通工具罪，处3年以上10年以下有期徒刑；造成严重后果的，处10年以上有期徒刑、无期徒刑或者死刑。

严重后果，主要是指致使火车、汽车、电车、船只、航空器等交通公共安全，造成了较重的危害后果，或者虽然造成较重的危害后果，但不是严重危害后果的。当然，破坏交通工具的行为与严重后果之间应具有因果关系，如果严重后果是由其他原因而不是行为人的破坏行为引起的，也不能适用较重的量刑档次即第119条第1款的规定。

在坚持以危害后果的严重程度为主要依据确定适用较重或较轻的量刑档次的基础上，还要综合考察犯罪行为人的犯罪事实、情节等，进一步选择轻重不同的刑罚，以使罪刑相适应。

5. 如何区分本罪与放火罪、爆炸罪？

使用放火、爆炸的手段破坏交通工具的安全与放火罪、爆炸罪犯罪手段相同，而且都危害公共安全。其主要区别在于，前者的犯罪对象是正在使用的火车、汽车、电车、船只、航空器等交通工具，放火罪、爆炸罪侵害的对象则是上述交通工具以外的其他公私财物和不特定多数人的人身和财产安全。为了保证交通运输安全，刑法将正在使用的交通工具作为特殊保护对象加以规定，因此行为人无论采用何种手段破坏交通工具，只要足以使之发生倾覆、毁坏危险，危害交通运输安全，均以破坏交通工具罪论处。如果行为人使用放火、爆炸的手段破坏未交付使用的交通工具，则应以放火罪或爆炸罪定罪。

6. 如何区分本罪与盗窃罪?

实践中发生的出于盗窃目的破坏交通工具的案件，易于同由于盗窃交通工具的设备、一般部件等构成的盗窃罪相混淆。区分两者的关键在于破坏的对象和侵犯的客体不同。前者行为人以盗窃为目的，破坏的是正在使用的交通工具的重要装置和部件，足以造成交通工具倾覆、毁坏危险，因而侵犯了交通运输安全，应以破坏交通工具罪论处。后者行为人出于盗窃的目的，毁坏的是非使用中的交通工具，或者交通工具的一般设备。因为这类交通工具未承担运输任务，破坏部位不影响交通工具安全行驶，因而对交通运输安全无现实危险性。侵犯的客体只能体现为公私财产的所有关系。鉴于这种案件行为人秘密窃取交通工具的设备、部件，大多不是信手拈来，盗窃目的往往需要实施拆卸等破坏行为才能实现。这样盗窃行为和毁坏公私财物的行为就发生牵连关系，根据对牵连犯按一重罪处理的原则，对这种案件应视情节，定为盗窃罪或故意毁坏财物罪。

【典型案例】

陈某仁受雇于雷州至霞山线路的客车联运车队，主要负责本车队客车运营线路中太平镇路段的看护、疏通工作，以防止其他车辆在该路段争抢客源，而达到本车队垄断经营客运生意之目的。2008 年 10 月 4 日 9 时许，陈某仁知道本车队客车在太平镇三中路段发生堵车，便前往疏通车辆。10 时许，陈某仁电话通知吴某到麻章区太平镇三中路口。吴某驾驶一辆红色两轮摩托车来到指定地点与陈某仁见面后，陈某仁叫吴某先去麻章区太平洋村路段查看，如果发现有其他车辆搭客，再由他通知吴某去砸车，吴某表示同意。11 时许，吴某在太平镇三中路口堵车现场，遇见前来疏导交通的车队调度员徐某成，便叫徐某成坐上其摩托车。后吴某接到陈某仁的电话指示，要其到山尾村路口打砸一辆在太平三中路口处搭客的号牌为粤 GN0063 的白色面包车。当王某琴驾驶号牌为粤 GN0063 的白色面包车搭载李某林等人经过时，吴某举起手中的半截砖头朝迎面而来的面包车前挡风玻璃猛掷过去，砖头击碎挡风玻璃后又击中车内乘客李某林的头部，致李

某林当场昏倒。徐某成、吴某随后逃离现场。李某林经送医院抢救无效死亡。法院经审判判处吴某犯破坏交通工具罪，判处有期徒刑14年，剥夺政治权利4年。

【专家评析】

破坏交通工具罪是指故意破坏火车、汽车、电车、船只、航空器，足以使火车、汽车、电车、船只、航空器发生倾覆、毁坏危险，危害公共安全的行为。这是一种以交通工具作为特定破坏对象的危害公共安全的犯罪。但需要注意，并非所有的破坏交通工具的行为都应当认定为破坏交通工具罪，一些情节轻微明显不足以使交通工具发生倾覆、毁坏危险的行为（如只破坏上述交通工具中一些不影响安全运行的协助性设备，如车门、玻璃、灯具、卧具、坐椅等），不能以破坏交通工具罪论处（破坏相关财物情节严重的，可以按故意毁坏财物罪论处）。那么，本案中徐某成、吴某用砖头砸破客车玻璃并致李某林死亡的行为应该如何定性呢？

认定本罪，关键在于查明行为人的破坏行为是否足以使交通工具发生倾覆、毁坏危险。本案中，吴某受陈某仁指使，为达到垄断经营客运生意之目的，对其他在当地营运车辆进行打砸，具体手段是以半截砖头朝客车挡风玻璃投掷。那么，吴某的这样一种具体手段是否足以使营运客车发生倾覆、毁损危险，直接决定了其是否构成危害公共交通工具罪。吴某投掷半截砖头的指向是客车前挡风玻璃，而一旦前挡风玻璃被砸，对司机的驾驶行为就会产生严重干扰，从而使司机失去对客车有效操纵，导致车辆倾覆甚至损毁的危险。因此，吴某主观上明知其行为的危险性，而放任这种危险发生，应当依照刑法第116条的规定，以破坏交通工具罪论处。同时，吴某投掷砖头击穿挡风玻璃后又击中李某林头部，导致李某林死亡。这里，客观地讲，吴某对李某林的死亡是持过失心理的，吴某受领的任务只是砸车，其并没有杀人的故意。李某林的死亡，显然不是吴某希望发生的结果，因此又可以构成过失致人死亡罪。根据刑法原理，显然不能对吴某的一行为进行两次以上的重复评价，即不能以破坏交通工具罪和过失致人死亡罪两罪并罚，而应择一重处，即以破坏交通工具罪的加重情节判处10年以上有期徒刑、无期徒刑或者死刑。

【法条指引】

中华人民共和国刑法

第一百一十六条 破坏火车、汽车、电车、船只、航空器，足以使火车、汽车、电车、船只、航空器发生倾覆、毁坏危险，尚未造成严重后果的，处三年以上十年以下有期徒刑。

第一百一十九条 破坏交通工具、交通设施、电力设备、燃气设备、易燃易爆设备，造成严重后果的，处十年以上有期徒刑、无期徒刑或者死刑。

过失犯前款罪的，处三年以上七年以下有期徒刑；情节较轻的，处三年以下有期徒刑或者拘役。

▶ 十二、破坏交通设施罪

【宣讲要点】

1. 什么是破坏交通设施罪？该罪的犯罪构成要件是什么？

破坏交通设施罪，是指故意破坏轨道、桥梁、隧道、公路、机场、航道、灯塔、标志或者进行其他破坏活动，足以使火车、汽车、电车、船只、航空器发生倾覆、毁坏危险或者造成严重后果的行为。

本罪的构成要件是：侵犯的客体是交通运输安全。犯罪对象是正在使用中的轨道、桥梁、隧道、公路、机场、航道、灯塔、标志或者其他直接关系交通运输安全的交通设备。所谓“正在使用中的交通设施”，是指交通设施已经交付使用或者处于正在使用之中，而不是正在建设或正在修理且未交付使用的交通设施或已废弃不用的交通设施。如果破坏的是正在建设、修理而未交付使用的或废弃不用的交通设施，则不构成本罪。因为上述交通设施不处于正在使用的过程中，因而不涉及是否会影响交通工具的安全运行问题，故不构成破坏交通设施罪。对于破坏上述不在使用中的交通设施构成犯罪的，应依法认定为毁坏公私财物或盗窃等犯罪。所谓“直接关系交通运输安全”，是指直接关系到火车、汽车、电车、船只、航空器的行车、行船、飞行安全。如铁路轨道、地铁隧道、公路、飞行跑道、机场航道、灯塔、信号灯等，交通工具要在这些交通设施上行驶或者要根据其打出的信号指示行驶，也就是说，这些交通设施与交通运输安全有着直接联系，如果对这些交通设施进行破坏，就会直接造成火车、汽车、电车、船只、航空器发生倾覆、毁坏危险，危害公共安全。反之，破坏那些虽然也是交通设施，但不直接关系交通运输安全的交通设施，则不构成破坏交通设施罪。如破坏火车站的候车室、长途汽车站的货仓、机场的候机室等，因其不直接关系行车、行船、飞行的安全，故不能成为本罪的犯罪对象。从现实生活中来看，对交通设施的对象范围可以具体分为以下五种：一是正在使用的铁路干线、支线、地方铁路、专用铁路线路、地下铁路和随时可能投入使用的备用线以及线路上的隧道、桥梁和用于指示车辆行驶的信号标志等；二是用于公路运输的公路干线及支线，包括高速公路、国道、省道、地方公路以及线路上的隧道、桥梁、信号和重要标志等；三是用于飞机起落的军用机场、民用机场的跑道、停机坪以及用于指挥飞机起落的指挥系统，用于导航的灯塔、标志等；四是用于船只航行的内河、内湖航道，我国领海内的海运航道、导航标志和灯塔等；五是用于运输、旅游、森林采伐的空中索道及设施等。犯罪客观方面表现为破坏交通设施，足以使火车、汽车、电车、船只、航空器发生倾覆、毁坏危险或者造成严重后果的行为。犯罪主体是一般主体。凡年满16周岁具有刑事责任能力的自然人都可以成为本罪的主体。犯罪主观方面表现为故意，即明知自己的行为可能会使火车、汽车、电车、船只、航空器发生倾覆、毁坏的危险或者可能实际造成倾覆、毁坏的结果，并且希望或者放任这种危险或结果发生。

2. 破坏交通设施的具体表现有哪些?

破坏交通设施具体表现为使用各种方法破坏轨道、桥梁、隧道、公路、机场、航道、灯塔、标志，或者进行其他破坏活动，足以使火车、汽车、电车、船只、航空器发生倾覆、毁坏危险的行为。所谓“破坏”，包括对交通设备的毁坏和使交通设备丧失正常功能。例如，破坏海上的灯塔或航标，既可以将灯塔的发光设备砸毁，也可以故意挪动航标的位置，使之失去正常指示功能，从而导致航船发生安全事故。这些交通设备必须是正在使用的，因为只有破坏正在使用的交通设备才可能危害交通运输安全。如果破坏的是正在修筑的或者已经废弃的交通设施，不应定本罪。破坏交通设备的方法多种多样。如炸毁铁轨、桥梁、隧道，拔除铁轨道钉，抽掉枕木，拧松或拆卸夹板螺丝，破坏公路路基，堵塞航道，在公路、机场路道上挖掘坑穴，拆毁或挪动灯塔、航标等安全标志。这里“其他破坏活动”是指诸如在铁轨上放置石块、涂抹机油等虽未直接破坏上述交通设备，但行为本身同样可以造成交通工具倾覆、毁坏危险的破坏活动。

3. 破坏交通设施案的立案标准是什么?

故意破坏轨道、桥梁、隧道、公路、机场、航道、灯塔、标志或者进行其他破坏活动，足以使火车、汽车、电车、船只、航空器发生倾覆、毁坏危险或者造成严重后果的，应予立案追究。

4. 对破坏交通设施罪如何处罚?

犯破坏交通设施罪的，处3年以上10年以下有期徒刑；造成严重后果的，处10年以上有期徒刑、无期徒刑或者死刑。

5. 如何区分本罪与盗窃罪?

在司法实践中，行为人出于非法占有的目的，盗窃交通设施（如盗窃铁轨上的枕木等），从而严重危害交通运输安全的犯罪，与盗窃罪容易混淆。两者虽然都是以非法占有为目的，秘密窃取财物，但前者盗窃的不是一般公共财物，而是正在使用中关系到交通运输安全的设施，这种盗窃行为，不仅侵犯财产关系，而且严重危害交通运输安全；同时行为人对其行为可能造成交通工具倾覆或者毁坏的危险大多采取放任态度，即表现为间接故意。因此，这种行为既是盗窃罪，又是破坏交通设施罪，应当按一个重罪即破坏交通设施罪定罪判刑。而盗窃罪窃取的是一般公私财物，或者盗窃未投入使用的交通设备，不影响交通运输安全，其侵犯的客体只是公私财产权利，因此，与上述以盗窃交通设施为目的而构成的破坏交通设施罪，有本质区别。

6. 如何区分破坏交通设施的一般违法行为与犯罪行为?

破坏交通设备的一般违法行为是指在铁路、公路、水域航道、堤坝上，挖掘坑穴、放置障碍物，损毁、移动指示标志，可能影响交通运输安全，尚不够刑事处罚的行为。区分破坏交通设施犯罪与一般违法行为的关键在于，破坏交通设备的行为是否足以使交通工具发生倾覆、毁坏危险，是否危害交通运输安全。如果破坏行为已经造成或者足以造成交通工具倾覆或毁坏，从而危害交通运输安全的，应以本罪论处；如果破坏行为只是可能影响交通运输安全，但尚未达到足以使交通工具发生倾覆、毁坏危险的严重程度，则属于破坏交通设备的一般违法行为。

7. 如何区分本罪与破坏交通工具罪?

破坏交通设施罪和破坏交通工具罪都是危害交通运输安全的犯罪，两者的主要区别在于侵犯的对象不同。破坏交通设施罪侵犯的对象是正在使用中的轨道、桥梁、隧道、公路、机场、航道、灯塔、标志等保证交通工具正常行驶的交通设施，通过破坏这些交通设施来达到引起火车、汽车等交通工具发生倾覆、毁坏危险；而破坏交通工具罪侵犯的对象则直接指向正在使用中的火车、汽车、电车、船只、航空器等交通工具本身，通过破坏交通工具本身，来引起交通工具发生倾覆、毁坏危险。

由于交通设备与交通工具之间的相互依存关系，破坏交通设施往往引起交通工具的倾覆、毁坏，而且这种危害结果的发生通常是行为人所追求的目的；同样，破坏交通工具也常引起交通设备被破坏。在这种情况下，是定破坏交通设施罪，还是定破坏交通工具罪，要视行为的直接指向而定。如果行为指向交通设施，直接破坏交通设备，应定破坏交通设施罪。其所引起的交通工具的倾覆、毁坏，应视为破坏交通设施，造成严重后果，适用刑法第119条规定的破坏交通设施罪的结果加重条文。如果行为指向交通工具，直接破坏交通工具，应定破坏交通工具罪，其所引起的对交通设备的破坏，也应视为破坏交通工具，造成严重后果的情况。

8. 本罪是否有既遂和未遂之分?

破坏交通设施罪有既遂、未遂之分。根据刑法第117条的规定，本罪属于危险犯，其犯罪既遂并不要求必须造成交通工具倾覆、毁坏的实际结果，而是以具备法定的客观危险状态为标志，即破坏行为只要足以使交通工具发生倾覆、毁坏危险，无论是否造成严重后果，均构成本罪既遂。如果行为人已经着手破坏交通设备，刚刚接触破坏对象，破坏行为尚未实行终了，由于犯罪分子意志以外的原因（如被抓获、制止），没有造成交通工具倾覆、毁坏的危险状态，应视为本罪的未遂。

【典型案例】

冯某、王某共谋盗窃，冯某向王某提出到铁路上拆点儿铁卖，王某同意。2008 年 12 月 16 日晚、18 日凌晨，由冯某骑二轮摩托车并携带活动扳手及其自制的作案工具搭载王某，分两次到成都东站成昆铁路引入线（正线）K1 + 150 – 200 米等处，拆盗钢轨之间连接的 P60 型夹板 8 副 16 块、轨距间的绝缘拉杆 4 根。因钢轨接头夹板、轨距拉杆被拆盗后，足以致使列车脱轨，严重危及铁路行车安全。经四川省物价局价格认证中心成铁分中心鉴定，被拆盗的钢轨接头夹板 16 块、轨距拉杆 4 根，共计价值人民币 4140 元。2009 年 4 月 28 日，成都铁路运输法院依照刑法第 117 条、第 25 条第 1 款、第 26 条第 1 款、第 65 条第 1 款的规定，判处冯某犯破坏交通设施罪，判处有期徒刑 5 年；依照刑法第 117 条、第 25 条第 1 款、第 27 条、第 68 条第 1 款的规定，判处王某犯破坏交通设施罪，判处有期徒刑 2 年。

【专家评析】

构成本罪，要求行为人的破坏行为必须足以使火车、汽车、电车、船只、航空器发生倾覆、毁坏危险。而实际上的倾覆与毁坏结果并不是本罪的构成要件。换言之，破坏交通设施会造成两种后果：一种是可能发生的后果；另一种是已经发生的后果。只要造成两种后果之中的任何一种后果，都构成破坏交通设施罪。如果行为人的某种行为不足以使火车、汽车、电车、船只、航空器发生倾覆、毁坏危险的，则不构成本罪。是否足以使交通工具发生倾覆、毁坏危险，关键在于以下两点：一是破坏方法。如果行为人使用了极其危险的破坏方法，如采取爆炸、放火、拆毁的方法破坏交通设施，由于这些破坏方法本身可以使交通设施遭受严重破坏，从而足以使交通工具发生倾覆、毁坏危险。二是破坏部位。破坏交通设施的重要部位就会直接危及交通工具的运输安全。如挖掉铁轨、枕木，卸去轨道之间的连接部件等，这些破坏交通设施重要部位的行为直接关系到交通工具的行驶安全，足以造成交通工具的倾覆、毁坏危险。但是，如果行为人破坏的只是交通工具的附属部位，比如在公路边上采挖少量砂石等，因为这些破坏行为与交通运输安全没有直接联系，不足以使交通工具发生倾覆、毁坏危险，因此不构成破坏交通设施罪。但不论采取何种方法，只要足以使交通工具发生倾覆、毁坏危险，就构成破坏交通设施罪既遂。如果破坏行为不可能使交通工具发生倾覆或毁坏，不危及交通运输安全，则不能按本罪处理。

本案中，冯某、王某二人出于非法谋财目的，拆盗钢轨接头夹板、轨距拉杆，足以发生列车脱轨的危险，严重危及铁路行车安全，根据刑法第117条的规定，应当以破坏交通设施罪论处。同时，二人所盗财物共计价值人民币4140元，又同时构成盗窃罪，应当择一重处，即按照破坏交通设施罪定罪判刑。

【法条指引】

中华人民共和国刑法

第一百一十七条　破坏轨道、桥梁、隧道、公路、机场、航道、灯塔、标志或者进行其他破坏活动，足以使火车、汽车、电车、船只、航空器发生倾覆、毁坏危险，尚未造成严重后果的，处三年以上十年以下有期徒刑。

第一百一十九条　破坏交通工具、交通设施、电力设备、燃气设备、易燃易爆设备，造成严重后果的，处十年以上有期徒刑、无期徒刑或者死刑。

过失犯前款罪的，处三年以上七年以下有期徒刑；情节较轻的，处三年以下有期徒刑或者拘役。

▶ 十三、破坏电力设备罪

【宣讲要点】

1. 什么是破坏电力设备罪？该罪的犯罪构成要件是什么？

破坏电力设备罪，是指故意破坏电力设备，危害公共安全，尚未造成严重后果或者已经造成严重后果的行为。

本罪的构成要件是：侵犯的客体属于公共安全和电力供应安全。犯罪对象是正在使用中的电力设备。客观方面表现为对电力设备的破坏行为。行为人必须实施了破坏正在使用中的电力设备的行为。犯罪主体为一般主体。在主观方面必须出于故意，包括直接故意和间接故意。至于犯罪的动机，亦可多种多样，不论是为泄愤报复，还是为嫁祸他人，或出于贪财图利及其他动机，都不影响本罪成立。

2. 破坏电力设备的具体表现有哪些？

破坏电力设备的具体表现形式多种多样。大多数情况下，行为人表现为作为，如采用爆炸、放火的方法破坏电力设备，在电力设备中掺放杂物，毁坏电力设备的重要部件或者偷割、偷拆电力设备等。在少数情况下，行为人也可能表现为不作为。如对电力设备负有维修保护职责的工作人员，在上班检修电力设备期间，发现重要部件异常或出现故障，有毁坏电力设备的危险，却故意置之不理，放任危险的发生，其客观行为方式就是不作为。

3. 破坏电力设备案的立案标准是什么？

破坏电力设备，危害公共安全的，应予立案追究。

4. 对破坏电力设备罪如何处罚？

犯破坏电力设备罪的，处 3 年以上 10 年以下有期徒刑；造成严重后果的，处 10 年以上有期徒刑、无期徒刑或者死刑。

根据《最高人民法院关于审理破坏电力设备刑事案件具体应用法律若干问题的解释》，四种情形可被判处 10 年以上有期徒刑、无期徒刑或者死刑：（1）造成1人死亡、3人以上重伤或者10人以上轻伤的；（2）造成1万以上用户电力供应中断6小时以上，致使生产、生活受到严重影响的；（3）造成直接经济损失100万元以上的；（4）造成其他危害公共安全严重后果的。

5. 破坏电力设备罪中的电力设备具体是指什么？

刑法所称的电力设备，是指用于发电、供电、输电、变电的各种设备，包括火力发电厂的热力设备，如锅炉、汽轮机、燃气机等；水力发电厂的水轮机和水力建筑物，如水坝、闸门、水渠、隧道、调压井、蓄电池、压力水管等；供电系统的供电设备，如发电机包括励磁系统、调相机、变波机、变压器、高压线路、拉线、接地装置、导线、避雷线、金具、绝缘子、登杆塔的抓梯和脚钉，导线跨越航道的保护设施，巡（保）线站，巡视检修专用道路、船舶和桥梁、标志牌及附属设施；电力电缆线路，架空、地下、水底电力电缆和电缆联结装置，电缆管道、电缆隧道、电缆沟、电缆桥、电缆井、盖板、人孔、标石、水线标志牌及附属设施；电力线路上的变压器、断路器、刀闸、避雷器、互感器、熔断器、计量仪表装置、配电室、箱式变电站及附属设施。构成破坏电力设备罪，被破坏的电力设备必须正在使用中，如果没有使用，如正在制造、运输、安装、架设或尚在库存中，行为人对其进行破坏也就不构成破坏电力设备罪。

6. 如何区分使用放火、爆炸方法破坏电力设备的犯罪与放火罪、爆炸罪？

构成破坏电力设备罪的破坏行为除一般破坏手段外，亦可以使用放火、爆炸等方式进行。此时，由于破坏电力设备罪属特别法条，根据特别法条优于普通法条的规则，应当以特别法条（破坏电力设备罪）治罪，而不适用放火罪、爆炸罪等定罪量刑。

7. 如何区分本罪与盗窃罪？

出于非法占有之目的，盗窃正在使用中的电力设备，危害公共安全的，应当以本罪论处。如果不能危及公共安全，则应以盗窃罪论处。《最高人民法院关于盗窃案件具体应用法律若干问题的解释》第12条第2项规定：盗窃使用中的电力设备，同时构成盗窃罪和破坏电力设备罪的，择一重罪处罚。如果盗窃库存的或者废置线路上的电线的，则应定为盗窃罪。

8. 如何区分本罪与故意毁坏财物罪？

要认定某一破坏电力设备的行为是构成破坏电力设备罪还是构成故意毁坏财物罪，主要是看被破坏的电力设备是否处于正在使用中，破坏电力设备的行为是否危及公共安全。如果破坏的是正在使用中的电力设备，如验收完毕、已交付使用的发电设备、供电设备、变电设备，足以危害公共安全的，则构成破坏电力设备罪。反之，行为人破坏的电力设备不是正在使用中，如库存的电力设备、废弃不用的电力设备、生产过程中的电力设备或修理过程中的电力设备，则不构成破坏电力设备罪。因为这些电力设备不是正在使用中，因而不具有危害公共安全的可能性，只是造成财产毁损，侵犯财产的所有权。

【典型案例】

2003年1月10日凌晨1时许，杜某伙同一老乡携带铁剪、旅行袋，窜到佛山市南海区小塘狮山新城开发区九洲风机厂西侧，爬上电线杆剪去铜芯电线120米（价值人民币2916元）。得手后，由老乡销赃，赃款两人平分。同月30日凌晨2时许，被告人黎某、杜某伙同一名老乡携带上述工具，窜到佛山市南海区小塘狮岭赛格家具厂附近，爬上电线杆剪去铜芯电线120米（价值人民币2700元）。得手后，将电线销售，赃款平分。同年3月14日凌晨3时许，黎某、唐某携带上述工具，窜到佛山市南海区小塘镇狮岭金永塑料厂附近，爬上电线杆剪去铜芯电线100米（价值人民币1750元）。得手后，将电线销售，赃款平分。民警李某一日巡逻时，发现杜某等人形迹可疑便上前盘查。杜某马上逃跑，唐某被抓获，但唐某、黎某后将李某推倒。李某因失去重心致手枪掉在地上，唐某乘机携带该手枪逃跑。法院以黎某犯破坏电力设备罪，判处有期徒刑5年；以唐某犯破坏电力设备罪，判处有期徒刑4年，犯抢劫枪支、弹药罪，判处有期徒刑10年，剥夺政治权利3年，决定执行有期徒刑13年，剥夺政治权利3年；以杜某犯破坏电力设备罪，判处有期徒刑3年。

【专家评析】

本案的争议主要在于被告人杜某等盗窃铜芯电线的行为应当认定为盗窃罪还是破坏电力设备罪。

破坏电力设备罪，是指故意破坏电力设备，危害公共安全的行为。司法实践中，经常发生行为人出于非法占有目的，盗窃电力设备销赃的行为，同时构成盗窃罪和破坏电力设备罪。对此，《最高人民法院关于盗窃案件具体应用法律若干问题的解释》第12条第2项规定：盗窃使用中的电力设备，同时构成盗窃罪和破坏电力设备罪的，择一重罪处罚。如果盗窃库存的或者废置线路上的电线的，则应定为盗窃罪。那么，除此之外，盗窃罪和破坏电力设备罪还有哪些区别呢?

首先，破坏电力设备罪是危险犯，只要行为人的行为造成足以危害公共安全的危险性就构成犯罪既遂，并不要求实际上已经造成人身伤亡或公私财产重大损失的严重后果。而盗窃罪是结果犯，应当以是否使公私财产所有权遭受实际侵犯为标准。

其次，两罪的犯罪客体不同。破坏电力设备罪所侵犯的客体属于公共安全，犯罪对象是正在使用中的电力设备。而盗窃罪侵犯的客体是公私财物的所有权。侵犯的对象是国家、集体或个人的财物，一般是指动产，但不动产上之附着物，可与不动产分离的也可以成为本罪的对象。另外，能源如电力、煤气也可成为盗窃罪的对象。

最后，客观方面不同。盗窃罪在客观方面表现为行为人具有秘密窃取数额较大的公私财物或者多次秘密窃取公私财物的行为。所谓秘密窃取，是指行为人采取自认为不为财物的所有者、保管者或者经手者发觉的方法，暗中将财物取走的行为。而破坏电力设备罪的客观方面除秘密窃取外，还可用爆炸、放火等破坏性手段进行。

本案中，被告人杜某等出于非法占有之目的，盗窃正在使用中的铜芯电线，构成盗窃罪，根据其盗窃财物金额（7000多元），应当处以3年以下有期徒刑、拘役或者管制；同时，其盗窃铜芯电线的行为又危害到了公共安全，构成破坏电力设备罪，应当处3年以上10年以下有期徒刑。对此，根据《最高人民法院关于盗窃案件具体应用法律若干问题的解释》第12条第2项的规定，应当择一重罪处罚，即按照破坏电力设备罪论处。

【法条指引】

中华人民共和国刑法

第一百一十八条 破坏电力、燃气或者其他易燃易爆设备，危害公共安全，尚未造成严重后果的，处三年以上十年以下有期徒刑。

第一百一十九条第一款 破坏交通工具、交通设施、电力设备、燃气设备、易燃易爆设备，造成严重后果的，处十年以上有期徒刑、无期徒刑或者死刑。

最高人民法院关于审理破坏电力设备刑事案件具体应用法律若干问题的解释

为维护公共安全，依法惩治破坏电力设备等犯罪活动，根据刑法有关规定，现就审理这类刑事案件具体应用法律的若干问题解释如下：

第一条 破坏电力设备，具有下列情形之一的，属于刑法第一百一十九条第一款规定的“造成严重后果”，以破坏电力设备罪判处十年以上有期徒刑、无期徒刑或者死刑：

（一）造成一人以上死亡、三人以上重伤或者十人以上轻伤的；

（二）造成一万以上用户电力供应中断六小时以上，致使生产、生活受到严重影响的；

（三）造成直接经济损失一百万元以上的；

（四）造成其他危害公共安全严重后果的。

第二条 过失损坏电力设备，造成本解释第一条规定的严重后果的，依照刑法第一百一十九条第二款的规定，以过失损坏电力设备罪判处三年以上七年以下有期徒刑；情节较轻的，处三年以下有期徒刑或者拘役。

第三条 盗窃电力设备，危害公共安全，但不构成盗窃罪的，以破坏电力设备罪定罪处罚；同时构成盗窃罪和破坏电力设备罪的，依照刑法处罚较重的规定定罪处罚。

盗窃电力设备，没有危及公共安全，但应当追究刑事责任的，可以根据案件的不同情况，按照盗窃罪等犯罪处理。

第四条 本解释所称电力设备，是指处于运行、应急等使用中的电力设备；已经通电使用，只是由于枯水季节或电力不足等原因暂停使用的电力设备；已经交付使用但尚未通电的电力设备。不包括尚未安装完毕，或者已经安装完毕但尚未交付使用的电力设备。

本解释中直接经济损失的计算范围，包括电量损失金额，被毁损设备材料的购置、更换、修复费用，以及因停电给用户造成的直接经济损失等。

▶ 十四、破坏易燃易爆设备罪

【宣讲要点】

1. 什么是破坏易燃易爆设备罪？该罪的犯罪构成要件是什么？

破坏易燃易爆设备罪，是指故意破坏燃气或者其他易燃易爆设备，足以危害公共安全的行为。

本罪的构成要件是：侵犯的客体是属于公共安全。犯罪对象是正在使用中的燃气或其他易燃易爆设备。如果没有使用，如正在制造、运输、安装、架设或尚在库存中，以及虽然已交付使用但正在检修暂停使用的，对其进行破坏，不应构成本罪。构成犯罪的应根据破坏的方法等以他罪如放火罪、爆炸罪、故意毁坏财物罪等论处。还应注意的是，本罪行为的对象在于生产、储存、运送易燃易爆物品的机器设备，而不是易燃易爆物品本身。如果行为人在生产、储存、运输、使用易燃易爆物品的过程中，违反危险物品的管理规定，造成爆炸、火灾后果的，则应以危险物品肇事罪定罪。这时的爆炸、火灾发生自然会使易燃易爆设备遭受破坏，但这种破坏不是行为人的行为直接破坏易燃易爆设备所导致，而是行为人的行为造成易燃易爆物品的燃烧、爆炸而间接产生的。易燃易爆物品的燃烧、爆炸乃是易燃易爆设备发生破坏的直接原因。如果行为人直接破坏易燃易爆设备，致使易燃易爆物品发生燃烧、爆炸的，则应以本罪论处。这时的破坏是行为人的行为直接所致并由此成为易燃易爆物品发生燃烧、爆炸的原因。本罪在客观方面表现为使用各种方法破坏电力、燃气或者其他易燃易爆设备，足以危害公共安全的行为。本罪的主体是一般主体，即达到法定刑事责任年龄、具有刑事责任能力的人均可构成。本罪在主观方面表现为故意，包括直接故意和间接故意，即行为人明知其破坏易燃易爆设备的行为会发生危害公共安全的结果，并且希望或者放任这种结果的发生。本罪的动机多种多样，如出于贪财图利、报复泄愤、嫁祸于人等。无论出自何种个人动机，均不影响定罪。

2. 破坏易燃易爆设备的具体表现有哪些？

破坏易燃易爆设备，在客观方面表现为使用各种方法破坏电力、燃气或者其他易燃易爆设备，足以危害公共安全的行为。

所谓电力设备，是指用于发电、供电、输电、变电的各种设备，包括火力发电厂的热力设备，如锅炉、汽轮机、燃气机等；水力发电厂的水轮机和水力建筑物，如水坝、闸门、水渠、隧道、调压井、蓄电池、压力水管等；供电系统的供电设备，如发电机包括励磁系统、调相机、变波机、变压器、高压线路、电力电缆等。所谓燃气设备，是指生产、储存、输送诸如煤气、液化气、石油气、天然气等燃气的各种机器或设施，包括制造系统的燃器发生装置，如煤气发生炉，净化系统的燃气净化装置，输送系统的输送设备如排送机器、输送管道以及储存设备如储气罐等。所谓其他易燃易爆设备，则是指除电力、燃气设备以外的其他用于生产、储存和输送易燃易爆物质的设备，如石油、化工、炸药方面的油井、油库、储油罐、石油输送管道、液化石油罐、汽油加油站以及酒精、煤油、丙酮、炸药、火药等易燃易爆物品的生产、储存、运送设备等。

3. 破坏易燃易爆设备案的立案标准是什么？

故意破坏燃气或者其他易燃易爆设备，足以危害公共安全的，应予立案追究。

4. 对破坏易燃易爆设备罪如何处罚？

犯破坏易燃易爆设备罪的，处3年以上10年以下有期徒刑；造成严重后果的，处10年以上有期徒刑、无期徒刑或者死刑。

5. 如何区分本罪与放火罪、爆炸罪？

破坏易燃易爆设备罪与放火罪、爆炸罪侵犯的客体都是公共安全，破坏易燃易爆设备罪行为人亦可采用放火、爆炸的手段破坏易燃易爆设备，往往也会导致火灾、爆炸的严重后果。区分两者的关键在于犯罪对象不同。破坏易燃易爆设备罪的犯罪对象仅限于正在使用中的易燃易爆设备；放火罪、爆炸罪的犯罪对象是一切公私财物。行为人采用放火、爆炸方法破坏易燃易爆设备，这是法条竞合问题。按照特别法优于普通法的原则，应以破坏易燃易爆设备罪论处，而不能定放火罪或爆炸罪。

6. 如何区分本罪与故意毁坏财物罪、盗窃罪等侵犯财产方面的犯罪？

确定某一破坏易燃易爆设备的行为是构成破坏易燃易爆设备罪还是构成侵犯财产方面的犯罪，主要看受破坏的易燃易爆设备是否处于正在使用中，破坏行为是否足以危害公共安全。也就是说，如果破坏正在使用中的易燃易爆设备，足以危害公共安全或者已经造成严重后果、危害公共安全的，则构成破坏易燃易爆设备罪。反之，如果行为人破坏的是非正在使用中的易燃易爆设备，因其不存在危害公共安全的可能性，因而不构成破坏易燃易爆设备罪；只是对财产所有权的侵犯，情节严重的，则构成侵犯财产方面的犯罪。如果是故意毁损非正在使用中的易燃易爆设备，情节严重的，应以故意毁坏财物罪论处；如果行为人采用盗窃方法破坏非正在使用中的易燃易爆设备，数额较大或者多次盗窃的，应以盗窃罪论处。

【典型案例】

2006年1月的一天晚上，薄某某伙同他人携带卡子、钻孔器、铁锨等作案工具窜至垦利县黄河大桥南河滩、胜利大桥管理处北约500米处，在孤罗东输油管线上打孔一处。同年7月13日、10月17日，薄某某伙同他人窜至利津县罗镇东约10公里的原春胜氧化锌厂南围墙处，在孤罗东输油管线上先后打孔二处。2007年1月，单某某驾车与薄某某等人携带作案工具窜至选定地，由薄某某等挖出管线在东辛输油管线上打孔一处。同年12月中旬，薄某某、单某某等预谋在禹城市境内的临濮输油管线上打孔盗油，由单某某出资将输油管线经过的位于禹城市西约5公里十里望乡店子村北约200米的一废弃幼儿园租赁。之后，薄某某等人在租赁地的临濮输油管线上打孔一处。

2008年7月21日，山东省东营市东营区人民法院依照刑法第118条、第25条第1款、《最高人民法院关于处理自首和立功具体应用法律若干问题的解释》第4条之规定判决：薄某某犯破坏易燃易爆设备罪，判处有期徒刑7年；单某某犯破坏易燃易爆设备罪，判处有期徒刑4年6个月。

【专家评析】

破坏易燃易爆设备罪，是故意破坏燃气或者其他易燃易爆设备，足以危害公共安全的行为。本罪是一种以燃气等易燃易爆设备为特定破坏对象的危害公共安全罪。犯罪动机多种多样，如出于贪财图利、报复泄愤、嫁祸于人等。无论出自何种个人动机，均不影响定罪。司法实践中，较常见的是行为人出于盗窃目的而破坏燃气或者其他易燃易爆设备，危害公共安全。对类似情况，要正确界定行为人构成本罪还是盗窃或毁坏财物等相关犯罪。

一般而言，界定某一破坏易燃易爆设备的行为是构成破坏易燃易爆设备罪还是构成侵犯财产方面的犯罪，一要看破坏的对象是否正在使用中的易燃易爆设备；二要看是否足以造成危害公共安全。如果行为人破坏的不是正在使用中的易燃易爆设备，则不能以本罪论处；如果虽有破坏易燃易爆设备行为，但不足以危害公共安全，也不能以本罪论处。比如，一条输油管道已经被废弃多年，某日被王某点燃，管道里残存的石油引起了一场重大火灾。这种情况对王某就不能以破坏易燃易爆设备罪处罚，而只能以放火罪论。因为此时的输油管道因被废弃，已经不再具备“易燃易爆设备”的属性和功能。如果行为人采用盗窃方法破坏非正在使用中的易燃易爆设备，数额较大或者多次盗窃的，应以盗窃罪论处。行为人采用盗窃方式破坏正在使用中的易燃易爆设备，同时构成盗窃罪与本罪的，应当择一重处，即以本罪论处。

本案中，薄某某、单某某为了谋取财物，在正在使用中的输油管线上打孔，足以发生爆炸、火灾等危害公共安全的危险。根据刑法第118条的规定，应以破坏其他易燃易爆设备罪论处。因尚未造成严重后果，法院对两人均在3年以上10年以下进行量刑。同时，对薄某某、单某某的盗窃行为不再重复评价。

【法条指引】

中华人民共和国刑法

第一百一十八条 破坏电力、燃气或者其他易燃易爆设备，危害公共安全，尚未造成严重后果的，处三年以上十年以下有期徒刑。

第一百一十九条第一款 破坏交通工具、交通设施、电力设备、燃气设备、易燃易爆设备，造成严重后果的，处十年以上有期徒刑、无期徒刑或者死刑。

最高人民法院、最高人民检察院关于办理盗窃油气、破坏油气设备等刑事案件具体应用法律若干问题的解释

为维护油气的生产、运输安全，依法惩治盗窃油气、破坏油气设备等犯罪，根据刑法有关规定，现就办理这类刑事案件具体应用法律的若干问题解释如下：

第一条 在实施盗窃油气等行为过程中，采用切割、打孔、撬砸、拆卸、开关等手段破坏正在使用的油气设备的，属于刑法第一百一十八条规定的“破坏燃气或者其他易燃易爆设备”的行为；危害公共安全，尚未造成严重后果的，依照刑法第一百一十八条的规定定罪处罚。

第二条 实施本解释第一条规定的行为，具有下列情形之一的，属于刑法第一百一十九条第一款规定的“造成严重后果”，依照刑法第一百一十九条第一款的规定定罪处罚：

（一）造成一人以上死亡、三人以上重伤或者十人以上轻伤的；

（二）造成井喷或者重大环境污染事故的；

（三）造成直接经济损失数额在五十万元以上的；

（四）造成其他严重后果的。

第三条 盗窃油气或者正在使用的油气设备，构成犯罪，但未危害公共安全的，依照刑法第二百六十四条的规定，以盗窃罪定罪处罚。

盗窃油气，数额巨大但尚未运离现场的，以盗窃未遂定罪处罚。

为他人盗窃油气而偷开油气井、油气管道等油气设备阀门排放油气或者提供其他帮助的，以盗窃罪的共犯定罪处罚。

第四条 盗窃油气同时构成盗窃罪和破坏易燃易爆设备罪的，依照刑法处罚较重的规定定罪处罚。

第五条 明知是盗窃犯罪所得的油气或者油气设备，而予以窝藏、转移、收购、加工、代为销售或者以其他方法掩饰、隐瞒的，依照刑法第三百一十二条的规定定罪处罚。

实施前款规定的犯罪行为，事前通谋的，以盗窃犯罪的共犯定罪处罚。

第六条 违反矿产资源法的规定，非法开采或者破坏性开采石油、天然气资源的，依照刑法第三百四十三条以及《最高人民法院关于审理非法采矿、破坏性采矿刑事案件具体应用法律若干问题的解释》的规定追究刑事责任。

第七条 国家机关工作人员滥用职权或者玩忽职守，实施下列行为之一，致使公共财产、国家和人民利益遭受重大损失的，依照刑法第三百九十七条的规定，以滥用职权罪或者玩忽职守罪定罪处罚：

（一）超越职权范围，批准发放石油、天然气勘查、开采、加工、经营等许可证的；

（二）违反国家规定，给不符合法定条件的单位、个人发放石油、天然气勘查、开采、加工、经营等许可证的；

（三）违反《石油天然气管道保护条例》等国家规定，在油气设备安全保护范围内批准建设项目的；

（四）对发现或者经举报查实的未经依法批准、许可擅自从事石油、天然气勘查、开采、加工、经营等违法活动不予查封、取缔的。

第八条 本解释所称的“油气”，是指石油、天然气。其中，石油包括原油、成品油；天然气包括煤层气。

本解释所称“油气设备”，是指用于石油、天然气生产、储存、运输等易燃易爆设备。

▶ 十五、破坏广播电视设施、公用电信设施罪

【宣讲要点】

1. 什么是破坏广播电视设施、公用电信设施罪？该罪的犯罪构成要件是什么？

破坏广播电视设施、公用电信设施罪，是指故意破坏广播电视设施、公用电信设施，足以危害公共安全的行为。

本罪的构成要件是：侵犯的客体是通讯方面的公共安全。犯罪对象是正在使用中的广播、电视、公用电信等通讯设施。如行为人破坏的是广播、电视、电信部门的非直接用于通讯的设施，如行政办公设施、日常生活设施，或者虽属广播、电视、电信设施，仅属于一般性的服务设施，如宾馆、单位内部的闭路电视网络，城市中的公用电话亭以及一般的民用家庭电话等，都不属于本罪对象。对之进行破坏的，不能构成本罪，即使构成犯罪的，应以他罪如故意毁坏财物罪等论处。此外，必须是正在使用中的通讯设施才能成为本罪对象。倘若不是正在使用，如正在制造或虽已制造完毕但未安装交付使用的，对之进行破坏，亦不构成本罪。这是因为，只有对正在使用中的通讯设施进行破坏，才能给公共安全带来危害。而危害公共安全，则是构成本罪的一个重要条件。本罪在客观方面表现为破坏广播电视设施、公用电信设施，足以危害公共安全的行为。如果用放火、

爆炸等危险方法破坏广播电视设施、公用电信设施，危害公共安全，则同时触犯本罪和放火罪（或爆炸罪）等罪名，属于想象竞合犯。根据对想象竞合犯“从一重处断”的处理原则，应以放火罪或爆炸罪论处。构成本罪，只需在客观上实施破坏广播电视设施、公用电信设施的行为，并足以危害公共安全，无论是否造成严重后果均可成立。本罪主体是一般主体。既可以是普通公民，也可以是从事广播、电视通讯业务的人员。凡达到法定刑事责任年龄、具有刑事责任能力的人均可构成。本罪在主观方面表现为故意，包括直接故意和间接故意。故意的内容表现为，行为人明知其破坏广播电视、电信设施的行为会危害通讯的公共安全，并且希望或者放任这种危害结果的发生。

2. 破坏广播电视设施、公用电信设施的具体表现有哪些？

破坏广播电视设施、公用电信设施，具体表现为使用各种方法破坏广播电视设施和公用电信设施的行为。所谓广播电视设施和公用电信设施，包括广播电台的发受电波的设施如铁塔发射台、发射机房、电源室等，电视台的发射与接收电视图像的设备以及有线广播电视传播覆盖设施，邮电部门的收发电报的机器设备，公用电话的交换设施、通讯线路如架空线路、埋设线路、无线线路等，卫星通讯的发射与接收电讯号的设施，微波、监测、传真通讯设施，国家重要部门如铁路、军队、航空中的电话交换台、无线电通信网络，在航空、航海交通工具以及交通设施中的无线电通信、导航设施，等等。

3. 破坏广播电视设施、公用电信设施案的立案标准是什么？

故意破坏广播电视设施、公用电信设施，足以或者已经危害公共安全的，应予立案追究。

4. 对破坏广播电视设施、公用电信设施罪如何处罚？

犯破坏广播电视设施、公用电信设施罪的，处 3 年以上 7 年以下有期徒刑；造成严重后果的，处 7 年以上有期徒刑。

所谓严重后果，不限于致人重伤、死亡或者使公私财产遭受重大损失。应结合本罪的特点，综合案件情节，如破坏的通讯设备的性质、严重程度，通讯中断的性质、时间长短、影响面以及直接造成的危害结果等，全面考虑确定。

5. 如何区分本罪与盗窃罪？

在实践中，以非法占有为目的，盗窃通讯器材的案件（如偷割电话线、通讯电缆等）时有发生。如果窃取的是库存的或者正在生产、维修中的通讯器材，只能侵害财产所有权，并不危害通讯方面的公共安全，因此应以盗窃罪论处。如果窃取的是正在使用中的通讯设备，如偷割正在使用中的电话线、电缆线，偷砍电线杆等，势必会使不特定多数单位或个人的广播、电视通讯受阻。这种行为不仅侵害财产所有权，而且危害通讯设施，即触犯了破坏广播电视、公用电信设施罪和盗窃的罪名。对此类案件应当如何定性，最高人民法院在《关于审理盗窃案件具体应用法律问题的解释》中明确指出："盗窃广播电视设施、公用电信设施价值数额不大，但是构成危害公共安全犯罪的，依照刑法第124条的规定定罪处罚。"

6. 如何区分本罪与放火罪、爆炸罪？

本罪的破坏方法除拆毁通讯设施等一般方法外，还包括放火、爆炸等危害公共安全的危险方法。以放火、爆炸等危害公共安全的危险方法破坏广播电视、公用电信等设施的，属于手段牵连。根据牵连犯的处罚原则，应当择一重罪处罚，即应按放火罪、爆炸罪处罚。当然，如果放火、爆炸的方法本身没有达到犯罪的程度，破坏广播电视设施、公用电信设施罪能够成立的，只以本罪一罪处罚。

7. 如何区分本罪与破坏交通工具、交通设施罪？

现代化的交通工具如航海、航空交通工具以及交通设施中，往往会使用一些无线电通信、导航设施。铁路部门为保障铁路交通运输安全，具有自己的专用通讯设施。对交通工具、交通设施中的通讯设施进行破坏，不仅会危及通讯方面的公共安全，更主要的是还会危及交通运输方面的安全。如因破坏交通工具或交通设施中的通讯设施，足以发生火车、船只、航空器等倾覆或毁坏的，又触犯破坏交通工具罪、破坏交通设施罪。对此，应当择重罪即破坏交通工具罪或破坏交通设施罪处罚。倘若破坏交通工具、交通设施中的通讯设施，不足以危及交通运输安全，但足以危害通讯公共安全的，则就应认定为本罪。

【典型案例】

2007年7月25日晚上11时许，程某伙同李某、小某、阿某，携带铁棍、铁支、螺丝刀，开着一辆天蓝色三轮拖拉机、一辆红色摩托车，窜到连平县元善镇中国联通麻陂基站，撬门入室，盗走正在使用的圣阳牌1GH－500AH蓄电池24个，价值人民币20340元。当被告人程某从山上搬蓄电池下山时，被中国联通河源代维公司的员工当场抓获。法院依照刑法第124条第1款的规定，判决：程某犯破坏公用电信设施罪，判处有期徒刑5年。

【专家评析】

破坏广播电视设施、公用电信设施罪，是指故意破坏正在使用中的广播电视设施、公用电信设施，危害公共安全的行为。这是一种以广播电视设施、公用电信设施为特定破坏对象的危害公共安全罪。在实践中，以非法占有为目的，盗窃通讯器材的案件（如偷割电话线、通讯电缆等）时有发生。在这种情况下，应该对行为人构成盗窃罪还是破坏广播电视设施、公用电信设施罪进行甄别。关键在于查明，行为人的盗窃行为是否正在使用中的广播电视设施、公用通信设备。如果是则构成本罪，如果窃取的是库存的或者正在生产、维修中的通讯器材，则应以盗窃罪论处。最高人民法院在《关于审理盗窃案件具体应用法律问题的解释》中明确指出："盗窃广播电视设施、公用电信设施价值数额不大，但是构成危害公共安全犯罪的，依照刑法第124条的规定定罪处罚。"

因此，本案中，程某等人以秘密窃取为手段，盗窃正在使用中的通信基站蓄电池，既构成盗窃罪，又危害了公共安全，依照刑法第124条第1款的规定应当择一重处，即以破坏公用电信设施罪论处。

【法条指引】

中华人民共和国刑法

第一百二十四条第一款　破坏广播电视设施、公用电信设施，危害公共安全的，处三年以上七年以下有期徒刑；造成严重后果的，处七年以上有期徒刑。

▶ 十六、过失损坏交通工具罪

【宣讲要点】

1. 什么是过失损坏交通工具罪？该罪的犯罪构成要件是什么？

过失损坏交通工具罪，是指由于过失而引起火车、汽车、电车、船只、航空器遭受严重破坏，造成严重后果的行为。

本罪的构成要件是：侵犯的客体是交通运输安全。侵害的对象是正在使用的火车、汽车、电车、船只、航空器等大型现代化交通工具。在客观方面表现为实施使火车、汽车、电车、船只、航空器遭受破坏，并造成严重后果的行为。这种破坏交通工具的行为通常表现为行为人不谨慎，无意中造成交通工具的破坏。如果是交通运输人员在驾驶交通工具中违反规章制度，过失引起交通工具倾覆或毁坏，造成重大事故，虽危害了交通运输安全，也不构成本罪，应以交通肇事罪论处。只有过失损坏交通工具的行为，但并未引起严重后果，不构成本罪。在处理这种犯罪时，还必须查明损坏交通工具的行为同严重后果是否存在因果关系，如果后果虽然严重但查明不是过失损坏交通工具的行为所引起，则不构成过失损坏交通工具罪。本罪主体为一般主体，凡达到法定刑事责任年龄、具有刑事责任能力的人均可成为本罪的主体。在主观方面表现为过失，即行为人对其破坏交通工具的行为可能引起的严重后果应当预见，因为疏忽大意而未预见；或者虽然已经预见，而轻信能够避免，以致发生了严重后果。

2. 过失损坏交通工具的具体表现有哪些？

过失损坏交通工具，通常表现为行为人不谨慎，无意中造成交通工具的破坏。

3. 过失损坏交通工具案的立案标准是什么？

由于过失而引起火车、汽车、电车、船只、航空器遭受严重破坏的，应予立案追究。

4. 对过失损坏交通工具罪如何处罚?

犯过失损坏交通工具罪的，处3年以上7年以下有期徒刑；情节较轻的，处3年以下有期徒刑或者拘役。

5. 如何区分本罪与破坏交通工具罪?

过失损坏交通工具罪与破坏交通工具罪都是以交通工具为侵害对象的危害交通运输安全的犯罪。两者主要的区别是：（1）主观罪过不同。过失破坏交通工具罪是过失犯罪。行为人对其行为可能引起的严重后果持否定态度，或者应当预见而未预见，或者虽已预见而轻信能够避免，以致引起严重后果。破坏交通工具罪是故意犯罪。行为人对其破坏行为会发生严重危害结果是明知的，并且持希望或者放任态度。（2）对危害结果要求不同。前者把造成严重后果作为构成犯罪的法定要件，如果实施破坏交通工具的过失行为尚未造成严重后果，不构成犯罪。后者只要故意实施破坏交通工具的行为，并足以使之发生倾覆或毁坏危险，无论是否造成严重危害结果，均构成犯罪，而且构成破坏交通工具罪既遂。

6. 如何区分本罪与交通肇事罪?

两者都是过失犯罪，主要区别在于客观方面不同。过失损坏交通工具罪主要表现为行为人因过失行为而致使火车、汽车、电车、船只、航空器发生倾覆、毁坏，造成严重后果；交通肇事罪则表现为行为人（包括从事交通运输的人员和非从事交通运输的人员），违反交通运输管理法规而引起重大事故，致人重伤、死亡或者使公私财产遭受重大损失。因此，如果交通运输人员在驾驶交通工具的过程中，违反交通运输管理法规，过失引起交通工具倾覆、毁坏，造成严重后果，则不构成过失损坏交通工具罪，而构成交通肇事罪。

【典型案例】

2003年4月16日，兰运集团有限责任公司第5客运公司往返会宁新塬至兰州的载客车，在返回会宁新塬后，售票员何某发现客车油箱被冻住了，就用喷灯烤油箱解冻，不料将刹车管烤了个包。何某发现后，用塑料胶带把刹车管缠上，事后何某没将此事告诉车主和司机。当客车行至城关区东岗镇桃树坪三岔路口时客车发生倾覆事故，车内3人死亡、29人受伤，事发后，相关部门对事故原因展开调查。经调查证实，该车制动突然失效是由破损的制动管路未及时更换造成的。制动管路破损处缠绕的透明胶带被气压崩开，制动管路气压泄漏，导致客车制动失灵。兰州市城关区人民法院以过失损坏交通工具罪，判处何某有期徒刑5年。

【专家评析】

过失损坏交通工具罪，是指由于过失而引起火车、汽车、电车、船只、航空器遭受严重破坏，造成严重后果的行为。这是一种以交通工具为特定破坏对象的过失危害公共安全的犯罪。构成本罪，需符合以下四方面犯罪特征：一是行为人主观上必须是具有破坏的故意。二是行为人过失损坏的对象必须是火车、汽车、电车、船只、航空器这五种特定的交通工具。因为，这些交通工具承担着大量的客运、货运任务，对它们进行破坏会造成旅客的重大伤亡和财产损失，对公共安全具有极大的危险性和危害性。其中航空器既包括飞机，也包括其他飞行工具。三是破坏行为必须是足以使这几种交通工具发生倾覆、毁坏的危险。由于交通工具性能的不同，倾覆也包含了各种情况，比如火车出轨、颠覆，汽车、电车翻车，船只翻沉，航空器坠毁等情况；上述交通工具由于遭到人为破坏而不能正常行驶，危及运载的人、物品及交通工具自身的安全，这种毁坏行为与倾覆行为一样都是法律所禁止的。为有效打击这种危害社会公共安全的犯罪行为，法律规定行为人的破坏行为有造成火车、汽车、电车、船只、航空器的倾覆、毁坏的现实可能性和威胁的，就要追究刑事责任，而不要求一定要有实际后果发生。判断某种破坏行为是否已达到“现实可能性和威胁性”的程度，主要从以下几个方面来判定：（1）交通工具是否在使用过程中的待用期间。这不仅包括正在行驶和飞行期间，也包括使用过程中的待用期间。如果破坏的是尚未交付使用或者正在修理的交通工具，一般不会危及到公共安全，故不构成本罪。（2）破坏的是否是交通工具的关键部位。如果行为人破坏的是交通工具的次要部位，如破坏的是交通工具的座椅、卫生设备或者其他不影响安全行驶的辅助设备等，不足以使火车、汽车、电车、船只、航空器发生倾覆、毁坏危险，同样不构成本罪。四是必须是尚未造成严重后果的，即行为人破坏交通工具的行为，没有造成任何危害后果的发生或者只造成了轻微的危害后果。

本案中，何某对车祸的发生在主观上具有过失，属于过于自信的过失，对危害结果的发生是持反对和否定态度的，本意是省事省力。具体过失在于，用喷灯烘烤油箱解冻时，把刹车管烤了个包。如果此时何某立即将情况报告司机或者车主，并在客车重新运营之前及时更换新的刹车管，则不会造成公共危险，不能认定为本罪，但是何某却擅作主张，用塑料胶带把刹车管上鼓起的包缠起来了事，最终导致发生重大车祸。根据刑法第119条第2款的规定，应以过失损坏交通工具罪处罚。

【法条指引】

中华人民共和国刑法

第一百一十九条 破坏交通工具、交通设施、电力设备、燃气设备、易燃易爆设备，造成严重后果的，处十年以上有期徒刑、无期徒刑或者死刑。

过失犯前款罪的，处三年以上七年以下有期徒刑；情节较轻的，处三年以下有期徒刑或者拘役。

▶ 十七、过失损坏交通设施罪

【宣讲要点】

1. 什么是过失损坏交通设施罪？该罪的犯罪构成要件是什么？

过失损坏交通设施罪，是指由于过失而使轨道、桥梁、隧道、公路、机场、航道、灯塔、标志等交通设备遭受破坏，造成火车、汽车、电车、船只、飞机发生倾覆、毁坏等严重后果，危害公共安全的行为。

本罪的构成要件是：侵犯的客体是交通运输安全，这是本罪区别于其他过失犯罪的显著特征。犯罪对象是法律规定的特定对象，即轨道、桥梁、隧道、公路、机场、航道、灯塔、标志等交通设施。而且，这些交通设施必须是处于正在使用中，如果行为过失损坏的交通设施不是正在使用中，而是正在生产或正在修理而未交付使用，或者废弃不用的交通设施，则不成立本罪。本罪在客观方面表现为实施损坏上述交通设备，危害公共安全，致使火车等交通工具倾覆或毁坏，造成严重后果的过失行为。这是本罪同过失破坏交通工具罪的区别所在。本罪的主体为一般主体。已满16周岁、具备刑事责任能力的自然人均可成为本罪的主体。本罪在主观方面表现为过失，包括过于自信的过失和疏忽大意的过失，即行为人对其行为可能造成的危害交通运输安全的严重后果已经预见，但轻信能够避免；或者应当预见，因为疏忽大意而未预见，以致发生这种严重后果。

2. 过失损坏交通设施的具体表现有哪些？

过失损坏交通设置，具体表现为由于过失损坏轨道、桥梁、隧道、公路、机场、航道、灯塔、标志等交通设施。

3. 过失损坏交通设施案的立案标准是什么？

过失损坏轨道、桥梁、隧道、公路、机场、航道、灯塔、标志等交通设施的，应予立案追究。

4. 对过失损坏交通设施罪如何处罚？

犯过失损坏交通设施罪的，处3年以上7年以下有期徒刑；情节较轻的，处3年以下有期徒刑或者拘役。

5. 如何区分本罪与破坏交通设施罪？

过失损坏交通设施罪与破坏交通设施罪，侵害的客体和对象相同。两者的主要区别是：

（1）对犯罪结果要求不同。前者破坏交通设备的过失行为必须造成危害交通运输安全的严重后果才构成犯罪；后者只要实施破坏交通设备的行为，并足以使交通工具发生倾覆、毁坏危险，无论是否造成严重后果，均成立犯罪，而且构成犯罪既遂。

（2）主观罪过不同。前者是过失犯罪，后者是故意犯罪。从行为人认识方面看，前者行为人对其行为可能造成的危害结果已经预见，或者应当预见而未预见；后者对其行为会造成的危害结果是明知的。从行为人态度看，前者对严重后果持否定态度，由于轻信能够避免或者出于疏忽大意，才发生了危害交通运输安全的严重后果；后者对交通工具倾覆、毁坏的严重后果持希望或放任的态度。

【典型案例】

2009年4月12日凌晨4时许，赵某雇佣王某驾驶一辆车牌号码为豫L51078的红岩牌私自加装后拖挂的自卸货车，满载沙子，车货总重266.19吨，严重超载，由南向北行驶至107国道漯河市澧河大桥桥面时，致使该桥第六跨五块桥板断裂脱落，拖挂车及桥板坠入澧河中，澧河大桥桥面严重损坏。经漯河市公路管理局认定，该事故造成国家最低直接经济损失136万元。法院依照刑法第119条第2款、第67条第1款、第72条第1款的规定，判决：赵某犯过失损坏交通设施罪，判处：有期徒刑3年，缓刑3年；王某犯过失损坏交通设施罪，判处有期徒刑3年，缓刑3年。

【专家评析】

本案的主要争议在于行为人赵某、王某应以交通肇事罪还是以过失损坏交通设施罪论处。因为二人的超载行为明显属于违反交通规章，并且造成了桥板断裂脱落的严重后果，符合交通肇事罪的特征。交通肇事罪属于结果犯，而过失损坏交通设施罪属于危险犯。区别交通肇事罪与过失损坏交通设施罪，关键在于查明行为人的破坏交通设施的行为是否足以使交通工具发生倾覆、毁坏危险。如果此种危险发生，则无论是否造成严重后果，均成立过失损坏交通设施罪，而且构成犯罪既遂。

本案中，王某受赵某指使，驾驶严重超载车辆通过澧河大桥，二人应当能够预见其严重超载行为会发生桥面不能承受从而坍塌的后果，因疏忽大意或者没有预见，从而发生了桥板断裂并脱落的严重事故，足以使不确定的其他通过此桥面的车辆发生倾覆乃至车毁人亡的危险，应当以过失损害交通设施罪定罪处罚。当然，因为桥面坍塌造成巨大的经济损失，二人的行为同时也构成交通肇事罪。在这种情况下，依据刑法关于重罪吸收轻罪的原理，不再对其判处交通肇事罪，仅以本罪论处。

【法条指引】

中华人民共和国刑法

第一百一十九条 破坏交通工具、交通设施、电力设备、燃气设备、易燃易爆设备，造成严重后果的，处十年以上有期徒刑、无期徒刑或者死刑。

过失犯前款罪的，处三年以上七年以下有期徒刑；情节较轻的，处三年以下有期徒刑或者拘役。

▶ 十八、过失损坏电力设备罪

【宣讲要点】

1. 什么是过失损坏电力设备罪？该罪的犯罪构成要件是什么？

过失损坏电力设备罪，是指过失损坏电力设备，危害公共安全，造成严重后果的行为。

本罪的构成要件是：侵犯的客体是公共安全，即不特定多数人的生命、健康安全和重大公私财产的安全。这是该罪区别于其他过失犯罪的显著特征。过失损坏电力设备罪的犯罪对象是法律规定的特定对象，即电力设备，包括供电设备、发电设备和变电设备等。而且，本罪的犯罪对象即电力设备必须是处于正在使用中的电力设备。在客观方面表现为行为人过失损坏电力设备，危害公共安全，造成严重后果的行为。犯罪主体是一般主体，即凡是达到刑事责任年龄、具备刑事责任能力，由于自己的过失行为破坏电力设备，危害公共安全，造成严重后果的自然人，都可成为该罪的犯罪主体。在主观方面只能是过失，即行为人应当预见自己的行为可能损坏电力设备，由于疏忽大意没有预见或者已经预见而轻信能够避免，以致发生这种结果的心理态度。这是该罪与意外事件的主要区别之所在。

2. 过失损坏电力设备的具体表现是什么？

过失损坏电力设备，主要表现为因疏忽大意或者过于自信的过失，导致正在使用中的电力设备受损的行为，具体方式可以是爆炸、放火、偷盗等等。所谓“电力设备”，主要包括以发电设备和供电设备两大类，发电设备主要是电站锅炉、蒸汽轮机、燃气轮机、水轮机、发电机、变压器等，供电设备主要是各种电压等级的输电线路、互感器、接触器等。

3. 过失损坏电力设备案的立案标准是什么?

损坏正在使用中的电力设备的，应予立案追究。

4. 对过失损坏电力设备罪如何处罚?

犯过失损坏电力设备罪的，处3年以上7年以下有期徒刑；情节较轻的，处3年以下有期徒刑或者拘役。

5. 如何区分本罪与破坏电力设备罪?

两罪侵犯的对象都是正在使用中的电力设备，在客观方面也都实施了破坏行为，侵犯的客体都是公共安全，但两者之间有明显区别：

（1）主观罪过形式不同。破坏电力设备罪在主观方面是出自故意；过失损坏电力设备罪在主观方面则表现为过失。

（2）客观方面不同。过失损坏电力设备罪必须造成致人重伤、死亡或者使公私财产遭受重大损失的严重后果，才能构成犯罪；破坏电力设备罪并不要求发生严重后果才成立犯罪，只要足以危害公共安全即有危害公共安全危险的，就可成立犯罪。

（3）破坏电力设备罪有既遂与未遂之分；过失损坏电力设备罪不存在既遂与未遂问题。

6. 如何区别本罪与重大责任事故罪?

（1）犯罪主体不同。重大责任事故罪的犯罪主体是特殊主体；过失损坏电力设备罪的犯罪主体是一般主体。（2）侵犯的客体不同。重大责任事故罪侵犯的客体是企业、事业单位的生产作业安全；过失损坏电力设备罪侵犯的客体是公共安全。因此，电力部门职工在生产作业过程中，违反规章制度，因而发生损坏电力设备的重大事故，造成严重后果的行为，是由于电力部门职工这一特殊主体在生产作业过程中的业务过失所造成的严重后果，应以特别法条即重大责任事故罪论处，而不能以过失损坏电力设备罪论处。

【典型案例】

2001年2月21日15时许，陈某某酒后携带铁锨、扳手等工具到东营区史口镇陈家村村东300米处其责任田内，将地里一高压电线杆拉线的地锚挖出，并将拉线上的“UT”卸下，致使线杆倾斜。陈某某发现后，积极采取补救措施，但均未实现，高压线松弛并搭落在下面的低压线上，造成低压线短路，高压线损坏，全线停电3小时。经物价部门鉴定，造成直接经济损失8970元。7月5日，东营市东营区人民法院依照刑法第119条第2款之规定，以过失损坏电力设备罪，判处陈某某有期徒刑1年6个月。陈某某不服上诉。9月17日，东营市中级人民法院依照刑事诉讼法第189条第（2）项、刑法第119条第2款、第37条的规定，判决维持东营区人民法院刑事判决对陈某某的定罪部分；撤销东营区人民法院刑事判决对陈某某的量刑部分；判处陈某某犯过失损坏电力设备罪，免予刑事处罚。

【专家评析】

构成过失损坏电力设备罪，要求符合四方面特征：首先，行为人必须有过失损坏电力设备的行为，即行为人由于自己的行为不慎，损坏了电力设备。其次，行为人过失损坏电力设备的行为必须危害公共安全。也就是说，由于行为人的过失行为损坏了电力设备，从而影响或破坏了电力设备的正常性能，并进而危害公共安全。但是，如果行为人的过失损坏行为没有影响电力设备的正常性能，没有危害公共安全的，则不构成本罪。这就要根据过失损坏行为损坏的部位、损坏的程度以及损坏的方式等因素进行综合评判。如某甲用小石子打逗留在变压器上的鸟，鸟飞走了，小石子打在变压器的铁壳上。此事件中，某甲用小石子打鸟，结果打在变压器的铁壳上，从损坏方式、损坏部位和损坏程度看，其行为并不危害公共安全，因此不构成本罪。再次，行为人过失损坏电力设备的行为必须造成严重后果。过失犯罪都是以发生严重后果作为构成犯罪的要件。如果没有发生严重后果或者后果不严重的，则不构成犯罪。因此，要构成过失损坏电力设备罪，也必须发生严重后果。这里的严重后果是指致人重伤、死亡或者使公私财产遭受重大损失。最后，行为人过失损坏电力设备的行为与严重后果之间存在刑法上的因果关系，即严重后果是由于行为人过失损坏电力设备的行为引起的。这是行为人对严重后果负刑事责任的客观基础。如果行为人过失损坏电力设备的行为与严重后果之间不存在刑法上的因果关系，行为人则不对严重后果负刑事责任。

本案中，陈某某将自家责任田里高压电线杆拉线的地锚挖出并将拉线上的“UT”卸下的行为是出于故意（动机不明），但是接下来发生的线杆倾斜、高压线松弛并搭落在下面的低压线上造成低压线短路，从而导致高压线损坏、全线停电3小时的危害结果，则是陈某某主观故意之外的内容，是应当预见而未预见即疏忽大意的过失。事故导致的高压线损坏、全线停电3小时，在现在高度依赖电力供应的时代，已经使不特定多数人生命、健康安全和公私财产安全处于一种危险状态。比如，可能有病人正在急救，因为停电严重影响了救治；可能某研究机构有重大试验，因为停电造成了巨大的财物损失，等等。依照刑法第119条第2款的规定，应对陈某某以过失损坏电力设备罪论处。

【法条指引】

中华人民共和国刑法

第一百一十九条 破坏交通工具、交通设施、电力设备、燃气设备、易燃易爆设备，造成严重后果的，处十年以上有期徒刑、无期徒刑或者死刑。

过失犯前款罪的，处三年以上七年以下有期徒刑；情节较轻的，处三年以下有期徒刑或者拘役。

最高人民法院关于审理破坏电力设备刑事案件具体应用法律若干问题的解释

第一条 破坏电力设备，具有下列情形之一的，属于刑法第一百一十九条第一款规定的“造成严重后果”，以破坏电力设备罪判处十年以上有期徒刑、无期徒刑或者死刑：

（一）造成一人以上死亡、三人以上重伤或者十人以上轻伤的；

（二）造成一万以上用户电力供应中断六小时以上，致使生产、生活受到严重影响的；

（三）造成直接经济损失一百万元以上的；

（四）造成其他危害公共安全严重后果的。

第二条 过失损坏电力设备，造成本解释第一条规定的严重后果的，依照刑法第一百一十九条第二款的规定，以过失损坏电力设备罪判处三年以上七年以下有期徒刑；情节较轻的，处三年以下有期徒刑或者拘役。

▶ 十九、过失损坏易燃易爆设备罪

【宣讲要点】

1. 什么是过失损坏易燃易爆设备罪？该罪的犯罪构成要件是什么？

过失损坏易燃易爆设备罪，是指过失损坏燃气或者其他易燃易爆设备，危害公共安全，造成严重后果的行为。

本罪的构成要件是：侵犯的客体是公共安全，即不特定多数人的生命、健康安全和重大公私财产的安全。犯罪对象是法律规定的特定对象，即处于正在使用中的燃气或者其他易燃易爆设备。在客观方面表现为实施使燃气或者其他易燃易爆设备遭受毁坏，并造成严重后果的行为。犯罪主体为一般主体，即一切达到法定刑事责任年龄、具有刑事责任能力的人均可构成。在主观上表现为过失，包括过于自信的过失和疏忽大意的过失。

2. 过失损坏易燃易爆设备的具体表现有哪些？

过失损坏易燃易爆设备，主要表现为由于疏忽大意或者过于自信的过失，损坏易燃易爆设备的行为，通常还会引发火灾、爆炸事故，造成不特定多数人的伤亡和重大公私财产的毁损。过失损坏易燃易爆设备的对象是法律规定的特定对象，即燃气或者其他易燃易爆设备。所谓“燃气”主要是指煤气、天然气等可燃性气体。燃气设备主要包括供气系统的燃气发生装置、燃气净化装置、燃气输送设备等。其他易燃易爆设备包括的内容则更为广泛，可以包括燃气设备之外的一切易于燃烧或者易于爆炸的设备，如用于化工、石油方面的油井、油库、储油罐，石油运输管、储气室，制造或者储存各种炸药的设备等。要注意的是，行为对象必须是处于正在使用中的易燃易爆设备，而不包括易燃易爆物品。

3. 过失损坏易燃易爆设备案的立案标准是什么？

出于过失损坏易燃易爆设备，危害公共安全的，应予立案追究。

4. 对过失损坏易燃易爆设备罪如何处罚？

犯过失损坏易燃易爆设备罪的，处 3 年以上 7 年以下有期徒刑；情节较轻的，处 3 年以下有期徒刑或者拘役。

5. 如何区分本罪与破坏易燃易爆设备罪？

过失损坏易燃易爆设备罪与破坏易燃易爆设备罪，侵害对象相同，都是危害公共安全。二者的主要区别是：（1）主观罪过不同。破坏易燃易爆设备罪行为人对其破坏易燃易爆设备的行为会造成危害公共安全的严重后果是明知的，并且持希望或放任的态度，属于故意犯罪。本罪属于过失犯罪，行为人对其行为可能引起危害公共安全的严重后果应当预见，因为疏忽大意而未预见；或者虽然已经预见，但轻信能够避免。（2）对犯罪结果要求不同。破坏易燃易爆设备罪，只要行为人实施破坏易燃易爆设备的行为，并足以造成危害公共安全的严重后果，无论严重后果实际是否发生，均构成犯罪，而且是犯罪既遂。而本罪则要求必须发生严重后果才构成犯罪。如果实施破坏易燃易爆设备的过失行为尚未造成严重后果，不构成犯罪。

【典型案例】

2004 年 10 月 6 日，神木县高新生态农业示范场负责人麻某雇佣曹某驾驶装载机在示范场挖土作业，准备修建一座蓄水池。作业前，为防止损坏天然气管道，麻某让一名农场工人目测后，在离天然气管道标志桩左侧 5 米左右划定了作业区。在施工快结束时，曹某驾驶装载机一铲将该处地下天然气管道铲破了一条大口子，致使大量天然气泄漏。事故发生后，榆林市公安局消防支队 4 辆消防车和 60 余名消防战士迅速赶到现场待命，同时在神木县城内租用了100个手提干粉灭火器，以防止险情进一步扩大。当晚10时，榆林市通知陕京输气管道管理单位拉闸停气，造成向北京输气中断30小时，直接经济损失近百万元，神木县1000余群众紧急疏散。次日凌晨，麻某到神木县公安局投案自首。神木县人民法院对此案作出一审判决，判处麻某、曹某犯过失损坏易燃易爆设备罪，判处两人有期徒刑各3年。

【专家评析】

过失损坏易燃易爆设备罪，是指过失损坏燃气或者其他易燃易爆设备，危害公共安全，造成严重后果的行为。本罪是一种以易燃易爆设备为特定破坏对象的过失危害公共安全罪。构成本罪，首先必须实际发生了危害公共安全的结果，即引起易燃易爆设备爆炸或者燃烧，致人重伤、死亡或者使公私财产遭受重大损失的严重结果。这是构成本罪的必要条件，也是本罪与破坏易燃易爆罪的区别之一。其次，行为人主观上对上述严重结果必须有过失，可以是疏忽大意过失和过于自信过失。这是本罪与破坏易燃易爆设备罪区别的关键。如果是由于行为人不能预见或者不能抗拒的原因引起上述严重结果的，不能定本罪，而只能按照意外事件或者不可抗力事件处理。

本案中，麻某和曹某对于天然气泄漏事件及其危害主观上是出于过失。因为在施工前，二人专门以天然气标志桩为参照，在左侧5米左右划定了作业区域，所以说二人的态度是非常谨慎的。但尽管如此，仍然造成了事故，发生了损害。有观点认为，二人已经尽到审慎义务，在距离标志桩5米左右的地方施工仍然能够铲到天然气管道，已经超出了二人的预见义务和能力，虽然后果严重、损失巨大，也应当不枉不纵，应定性为意外事件。这就涉及过失犯罪和意外事件的界定问题。本案中，如果相关法律法规对在天然气管道附近施工有明确要求，而麻某、曹某二人已经按规程全部履行，则对仍然发生的事故只能定性为意外事件。此时，应当查明天然气标志桩是否在施工时被错误安放，或者在施工后曾被人挪移，从而偏离实际管道位置，并追究相关人员的刑事责任。如果麻某、曹某二人没有完全履行相关法律法规要求的施工前义务，则不能认定为意外事件。

【法条指引】

中华人民共和国刑法

第一百一十九条 破坏交通工具、交通设施、电力设备、燃气设备、易燃易爆设备，造成严重后果的，处十年以上有期徒刑、无期徒刑或者死刑。

过失犯前款罪的，处三年以上七年以下有期徒刑；情节较轻的，处三年以下有期徒刑或者拘役。

▶ 二十、过失损坏广播电视设施、公用电信设施罪

【宣讲要点】

1. 什么是过失损坏广播电视设施、公用电信设施罪？该罪的犯罪构成要件是什么？

过失损坏广播电视设施、公用电信设施罪，是指过失损坏广播电视设施、公用电信设施，造成严重后果，危害公共安全的行为。

本罪的构成要件是：侵犯的客体是与通讯相联系的公共安全。破坏的对象是广播电视设施、公用电信设施，即广播电台、电视、电报、电话或其他通讯设备。在客观方面表现为过失破坏广播电视设施、公用电信设施，造成严重后果，危害公共安全的行为。本罪主体是一般主体。既可以是普通公民，也可以是从事广播、电视通讯业务的人员。凡达到法定刑事责任年龄、具有刑事责任能力的人均可构成。在主观方面表现为过失，即行为人对其破坏广播电视设施、公用电信设施的行为可能引起的严重后果应当预见，因为疏忽大意而未预见；或者虽然已经预见，而轻信能够避免，以致发生了严重后果。如果行为人对其行为造成的严重后果既非出于故意，也不存在过失，属于意外事件，不构成犯罪。

2. 过失损坏广播电视设施、公用电信设施的具体表现有哪些？

过失损坏广播电视设施、公用电信设施，具体表现为出于疏忽大意或

过于自信的过失，损坏广播电视设施和公用电信设施的行为。所谓“广播电视设施和公用电信设施”，包括广播电台的发受电波的设施如铁塔发射台、发射机房、电源室等，电视台的发射与接收电视图像的设备以及有线广播电视传播覆盖设施，邮电部门的收发电报的机器设备，公用电话的交换设施、通讯线路如架空线路、埋设线路、无线线路等，卫星通讯的发射与接收电讯号的设施，微波、监测、传真通讯设施，国家重要部门如铁路、军队、航空中的电话交换台、无线电通信网络，在航空、航海交通工具以及交通设施中的无线电通信、导航设施，等等。

3. 过失损坏广播电视设施、公用电信设施案的立案标准是什么？

过失损坏广播电视设施、公用电信设施，足以或者已经危害公共安全的，应予立案追究。

4. 对过失损坏广播电视设施、公用电信设施罪如何处罚？

犯过失损坏广播电视设施、公用电信设施罪的，处 3 年以上 7 年以下有期徒刑；情节较轻的，处 3 年以下有期徒刑或者拘役。

5. 如何区分本罪与破坏广播电视设施、公用电信设施罪？

两罪侵犯的对象都是正在使用中的广播电视设施、公用电信设施，在客观方面都实施了毁坏行为，并且侵犯的客体都是公共安全。但是两罪在犯罪构成上有明显区别：（1）主观方面不同。破坏广播电视设施、公用电信设施罪是故意，即行为人积极追求或放任上述设施被破坏的危害结果；过失损坏广播电视设施、公用电信设施罪是过失，即行为人既不希望也不放任上述设施被损坏的危害结果的发生，而是由于疏忽大意或过于自信的过失以致发生这种危害结果。（2）对犯罪构成的要求不同。破坏广播电视设施、公用电信设施罪不以造成严重后果为构成要件；过失损坏广播电视设施、公用电信设施罪则以造成严重后果为构成要件。

6. 广播电视、公用电信部门职工在作业中违反规章制度，因而发生广电或电信设施被毁的重大事故，引起信息中断、通讯阻断，造成严重后果的重大责任事故罪与本罪如何区别？

两者侵犯的对象相同，都是正在使用中的广播电视设施、公用电信设施，在主观上都是出于过失，并且都以造成严重后果为构成犯罪的必备条件。但是，两者存在着明显区别：（1）主体不同。本罪的主体是一般主体；上述情形中重大责任事故罪的主体为特殊主体，即广播电视、公用电信部门的职工。（2）客体不同。本罪侵犯的是传播、通讯方面的公共安全；上述情形中重大责任事故罪侵犯的是广播电视、公用电信部门的作业安全。（3）客观方面不同。本罪是过失损坏广播电视设施、公用电信设施，与从事传播、通讯作业活动无关；上述情形中重大责任事故罪是在传播、通讯作业活动过程中，由于不服管理、违反规章制度，或者强令工人违规冒险作业，因而发生重大事故。因此，由于上述部门的职工在作业过程中的业务过失而造成严重后果的，应定重大责任事故罪，而不能以过失损坏广播电视设施、公用电信设施罪论处。

7. 如何分别本罪与过失损坏易燃易爆设备罪？

两者都是危害公共安全的犯罪，在主观上都是出于过失，客观上都有过失损坏的行为，主体都是一般主体。但是，两者的区别在于侵犯的对象不同。过失损坏广播电视设施、公用电信罪侵犯的对象是正在使用中的广播电视设施、公用电信设施；破坏易燃易爆设备罪侵犯的对象是正在使用中的燃气或者其他易燃易爆设备。

【典型案例】

2009 年 7 月 30 日 11 时，史某某在永清县北关村西交警大队北侧施工过程中，知道施工地点附近有刻有“地下有光缆”石碑的情况下，仍驾驶小型挖掘机施工，将地下一米处石家庄至廊坊市的广播电视光缆挖断，造成廊坊市 20 万用户信号中断 4 小时。史某某供述，案发前半个月他到永清县交警队北侧廊霸路南的北关地里挖土，有人告诉他那边不能挖，地下有东西，在距离他挖土五六米远处有“地下有光缆”的标志。2009 年 7 月 30 日上午，他开着挖土机到那块地挖土，当时他觉得挖沟的地方距离标志有几米远，可能不会有电缆。11 点多，他用挖土机挖土时感觉像是挖着东西了，后用铁锨挖开发现地下的电缆断了。法院经审理，判决：被告人史某某犯过失损坏广播电视设施罪，判处有期徒刑 3

年，缓刑4年。

【专家评析】

过失损坏广播电视设施、公用电信设施罪与破坏广播电视设施、公用电信设施罪的主要区别在于行为人主观方面的内容不同。过失损坏广播电视设施、公用电信设施的行为分为尚未造成严重后果和已经造成严重后果两种情况。根据刑法规定，过失行为只有造成严重后果的才负刑事责任。因此，构成过失损坏广播电视设施、公用电信设施罪，过失行为必须造成严重后果。如果仅有过失行为，并未造成严重后果，或者后果不严重的，则不构成过失损坏广播电视设施、公用电信设施罪。因此，有无后果，后果是否严重，是衡量过失损坏广播电视设施、公共电信设施的行为是否构成犯罪的重要标志。

本案中，史某某主观上明知施工行为可能将地下光缆挖断，但在侥幸心理的作用下，轻信自己不会挖到光缆并执意违规施工，属于过于自信的过失。史某某违规施工最终导致电视光缆挖断，造成20万用户信号中断4小时的危害后果。史某某的违规施工行为与危害后果之间具有直接的因果关系。因此，根据刑法第124条第2款的规定，应当对史某某以过失损坏广播电视设施罪论处。

【法条指引】

中华人民共和国刑法

第一百二十四条 破坏广播电视设施、公用电信设施，危害公共安全的，处三年以上七年以下有期徒刑；造成严重后果的，处七年以上有期徒刑。

过失犯前款罪的，处三年以上七年以下有期徒刑；情节较轻的，处三年以下有期徒刑或者拘役。

▶ 二十一、组织、领导、参加恐怖组织罪

【宣讲要点】

1. 什么是组织、领导、参加恐怖组织罪？该罪的犯罪构成要件是什么？

组织、领导、参加恐怖组织罪，是指为首策划组织、领导或者积极参加恐怖活动组织的行为。

本罪的构成要件是：侵犯的客体是社会公共安全，即不特定的多数人的生命、健康或重大公私财产的安全。客观方面表现为组织、领导、积极参加或者参加恐怖活动组织的行为。本罪的客观要件属于选择性要件，只要行为人的行为符合组织、领导、积极参加或者参加恐怖活动组织的行为之一的，即构成本罪。犯罪主体是一般主体，凡达到法定刑事责任年龄的具有刑事责任能力的自然人都可以成为本罪的主体。主观方面表现为故意，即明知是以从事恐怖活动为主要内容的恐怖活动组织而故意组织、领导、积极参加或者参加该组织。

2. 组织、领导、参加恐怖组织的具体表现有哪些？

组织、领导、参加恐怖组织，主要表现为组织、领导或者参加恐怖组组织的行为。所谓“组织”，是指通过策划、倡议、鼓动、召集、引诱、指使、胁迫、招揽、拉拢、安排等手段，使分散的个人基于进行恐怖活动犯罪的目的而成立一个比较稳定组织的行为，包括创立、组建恐怖组织，确定恐怖组织的目的、宗旨，以及组织机构、人员安排、行为规范、活动方式，发展恐怖组织成员等具体活动。所谓“领导”，是指在恐怖组织成立之后，处于统率、支配地位的成员通过策划、决定、指挥、率领、安排、调查、协调等手段指挥、管理恐怖组织人员及其活动的行为，其对象为恐怖组织。所谓“参加”，则是指明知其为恐怖组织而主动、积极要求加入组织，或者基于组织者、中介人的鼓动、利诱、招揽、威胁、欺骗等而加入恐怖组织，成为其中一员。组织、领导、参加恐怖组织的行为既相区别，又相联系。组织行为，一般发生在恐怖组织建立之前。组织建立之

后，为了壮大组织，采取各种手段使他人加入或者控制成员，不许脱离组织的行为，也应属于组织的范畴。所谓“领导”，作为指挥、管理恐怖组织的行为，必须在组织成立后实施。组织成立前，不存在对其管理、指挥等领导行为，因此，在组织成立恐怖组织的过程中进行领导、策划、指挥创建、成立组织的行为均应以组织行为论处。参加行为，则从恐怖组织创立初期到组织整个持续存在的过程中，均可发生。

3. 组织、领导、参加恐怖组织案的立案标准是什么?

根据刑法第 120 条和《中华人民共和国刑法修正案（三）》的规定，对组织、领导、参加恐怖活动组织，足以危害公共安全的下列人员，应当立案追究：（1）恐怖活动组织的组织领导者；（2）积极参加的；（3）其他参加的。

4. 对组织、领导、参加恐怖组织罪如何处罚?

犯组织、领导、参加恐怖组织罪的，处 3 年以上 10 年以下有期徒刑；其他参加的，处 3 年以下有期徒刑、拘役、管制或者剥夺政治权利。犯组织、领导、参加恐怖组织罪并实施杀人、爆炸、绑架等犯罪的，依照数罪并罚的规定处罚。

5. 如何认定刑法第 120 条规定的恐怖组织?

理解恐怖组织的含义，首先必须掌握什么是恐怖活动。恐怖活动，又称恐怖主义或恐怖行为，是指基于某种动机，特别是基于政治或报复社会的动机使用或威胁使用杀人、放火、爆炸、投放危险物质、绑架、劫持航空器、自杀性攻击、传播计算机病毒等危险手段，制造恐怖气氛，以恐吓、威胁、要挟政府、社会、公众的行为。恐怖活动具有三个基本特征：

（1）恐怖活动目的的明确性。行为人针对某人、某物实施或威胁实施放火、爆炸等危险行为，其目的就是要使社会公众产生一种恐惧不安的恐怖气氛，以恐吓、威胁、要挟政府、社会、公众，进而实现其不法企图。

（2）行为方式的危险性。行为人实施恐怖行为的直接意图就是要在社会公众中制造恐怖气氛，造成公众恐慌、惧怕、心神不安，时刻担心自己的人身、财产安全，进而恐吓、要挟政府、社会或公众，与此相适应，所采取的手段自然具有相当的危险性。其中，带有暴力性、残酷性、危害性大的危险手段，则成为首选，致使恐怖活动方式常常具有危险性。随着科技发展，恐怖行为的方式在变化、发展，有关恐怖行为的传统观念也在变化、发展，出现了网络恐怖主义。

（3）对象的不特定性。恐怖分子要使社会公众对其犯罪产生普遍恐怖的心理，使人们对自己的生命、健康或者重大财产受到威胁而恐慌不安，在对象的选择上自然带有任意性、不可预测性，从而产生恐怖行为对象的不特定性。

所谓恐怖组织，是指3人以上，包括3人，基于政治、报复社会等动机，共同进行恐怖犯罪活动，以恐吓、要挟公众、社会、政府而组成的较为固定的犯罪集团。根据刑法第26条第2款的规定，恐怖组织具有以下基本特征：

（1）组织成员的多数性。任何犯罪组织，都以具有3个或者3个以上的成员为构成必要，2人不能构成犯罪组织，只能成立共同犯罪，作为犯罪组织之一的恐怖组织也不能例外。

（2）犯罪目的的明确性。恐怖组织设立的目的，就是共同进行杀人、放火、爆炸、投毒、绑架、劫持航空器等恐怖犯罪活动，制造恐怖气氛，进而恐吓、威胁、要挟公众、社会乃至政府，企图实现其不法意图。

（3）较强的组织性。成员之间由于一致的犯罪目的而存在较为紧密的联系，结构比较严密，如组织特别是规模较大的组织成员之间一般有明确的分工，有组织、领导犯罪组织的首要分子；重要成员尤其是骨干成员基本固定；组织、领导者和一般参加者之间，层次通常比较分明，等级界限比较森严；纪律比较严格，有的还较为残酷，用以约束、规范组织成员，等等。

（4）一定的稳定性。恐怖组织一旦成立，成员之间因为明确一致的目的而为严格的纪律约束，相对稳定；他们以首要分子为核心，相互联系，在较长的时间内进行暗杀、绑架、劫机、爆炸等恐怖犯罪活动，或以此为常业，表现出一定的稳定性。

（5）严重的危害性。恐怖组织所犯罪行，不仅性质严重，而且因为犯罪时通常都有比较周密的计划，手段狡猾，举组织之全力，对社会所造成的危害性异常严重，有的甚至骇人听闻，危害之巨，无法想象。

恐怖组织除具有上述内在的基本特征外，还具有以下外在表现：

（1）恐怖组织犯罪活动的公然性。恐怖组织所犯罪行通常性质严重、危害巨大，并且常常发生于公共汽车、车站、飞机等公共场所，甚至在警察局、大使馆、政府办公楼等戒备森严的地方。有的还肆无忌惮公开承认，致使恐怖犯罪活动具有公然性、挑衅性。

（2）恐怖组织犯罪方式的多样性。恐怖分子实施的犯罪行为多种多样，杀人、放火、爆炸、投放毒害性、放射性、传染病病原体、绑架、劫持航空器、破坏交通工具、破坏计算机信息系统，等等，都可用以制造恐怖气氛，造成社会公众的极度恐慌。

（3）恐怖组织犯罪日趋国际化。恐怖组织的犯罪活动，跨国实施，针对外国政府、公民及其财产实施的日益增多。各国恐怖组织之间不少相互渗透、相互支持，有的还得到他国的政党、组织甚至政府的支持，恐怖组织犯罪日趋国际化。

（4）恐怖组织的经济实力日益增强。恐怖组织尤其是规模庞大的恐怖组织，为了有效进行恐怖活动，往往要不断招募成员，大量培养骨干，制造、购买枪支、弹药甚至坦克、大炮等军火，等等，而这些都必须以一定的经济实力作后盾。为此，恐怖组织在进行恐怖活动的同时，往往还会采取各种手段，如走私、贩毒、经营等筹措经费，或者寻找他人的资助，从而使得经济实力日益增强，为长时间进行恐怖犯罪，也为恐怖组织的不断发展、壮大奠定深厚的经济、物质基础。

6. 如何准确认定组织、领导、参加恐怖组织罪？

本罪是一个选择性罪名，行为人只要实施组织、领导、参加恐怖组织行为之一的即构成本罪。司法实践中，对于参加恐怖组织罪而言，行为人必须明知是恐怖组织而自愿参加，方可构成本罪。也就是说，对于那些不明真相、受骗上当而参加恐怖组织，一经发觉就表示并实际上与其脱离关系的人，则不能认定其构成参加恐怖组织罪。但是，如果行为人最初因受骗而参加恐怖组织，后来明知恐怖组织的性质后仍然不退出，甚至积极进行恐怖活动的，则当然构成本罪。

7. 本罪与组织、领导、参加黑社会性质组织罪的主要区别是什么？

组织、领导、参加黑社会性质组织罪，是指组织、领导、参加以暴力、胁迫或者其他手段，有组织地进行违法犯罪活动，称霸一方，为非作恶，欺压、残害群众，严重破坏经济、社会生活秩序的黑社会性质的组织行为。两罪在客观方面的行为方式非常相近，恐怖组织与黑社会性质组织都是犯罪组织，并且在人员构成、犯罪方式、活动形式等方面也非常相似。但两者有着显著区别：

首先，类罪名不同。组织、领导、参加恐怖组织罪是危害公共安全的犯罪；而组织、领导、参加黑社会性质组织罪是破坏社会管理秩序的犯罪。

其次，组织、领导、参加的犯罪组织不同。恐怖组织一般政治色彩较浓，具有一定的政治目的；黑社会性质组织更多是为了追求非法的经济利益，主要构成对经济、社会生活秩序的严重破坏。

8. 间接故意是否能够构成本罪？

犯罪故意包括直接故意和间接故意，直接故意是指行为人明知自己的行为会发生危害社会的结果而意欲其发生，间接故意是指明知自己的行为可能发生危害社会的结果而容忍其发生。就本罪而言，明知自己的行为是组织、领导或者参加恐怖活动组织而为之并希望发生危害社会的结果的，是直接故意；放任危害社会结果的发生的，是间接故意。二者的区别主要在于意志因素的不同：对于危害社会的结果，一个是希望，一个是放任。就组织行为而言，行为引起的直接结果只能是恐怖活动组织的建立；就领导而言，其行为所引发的直接结果只能是参加到已有的恐怖活动组织之中居于统率、指挥、领导地位；就参加行为而言，行为引起的结果也只能是成为恐怖活动组织的一员。由这一危害行为所引起的危害结果的直接性可以看出，“组织”“领导”“参加”三种行为都是有意而为，都是有目的的，因此，行为人就不可能采取放任态度。因此，构成本罪，行为人在主观上只能由直接故意构成。

9. 行为人事前不知道是恐怖活动组织而认为是其他组织甚至是合法组织，事后才知道属于恐怖组织的，如何处理？

这种情况只存在于“参加”的场合，在组织、领导恐怖组织的情形中是不存在这种“事后知道”的。根据我国刑法主客观一致的原则，如果行为人参加组织时并不知道是恐怖活动组织，根据情况他也不应当知道，其主观上没有故意，不能以本罪论处。但是，如果行为人在成为该组织成员以后知道了该组织的真正面目而继续参加不退出，甚至实施组织、领导行为的，不影响构成本罪。

【典型案例】

自2008年3月以来，木某等5名暴力恐怖团伙成员等人多次进行宣扬宗教极端思想的非法宗教活动，收听观看境外恐怖组织煽动实施暴力恐怖活动的音视频，为实施暴力恐怖活动印制大量宣扬宗教极端、暴力恐怖思想的反动书籍，购置器材进行暴恐体能技能训练，制作砍刀等凶器和用于暴恐活动的旗帜、标识，购买了大量制爆原料，先后制造10枚爆炸装置并进行了试爆。2013年3月8日，喀某、木某成立了暴力恐怖组织，喀某为主要头目，木某负责制造爆炸装置和作案工具，拜某负责提供制爆原材料。其后，木某伙同喀某多次组织吾某、塔某等恐怖组织成员进行非法宗教活动、暴恐训练、制爆试爆，并录像记录训练过程。4月23日13时许，巴楚县色力布亚镇派出所民警同社区工作人员到该镇英巴扎社区居民苏某家入户走访时，发现屋内人员、物品可疑，遂将情况报告派出所和社区。恐怖组织成员艾某借机溜出向喀某等人报信。色力布亚镇派出所所长任某及社区工作人员接报先后来到现场处置。喀某、木某等人感到罪行即将败露，随即带领热某等人手持砍刀等凶器冲入苏某家院内，伙同院内的恐怖组织成员疯狂砍杀现场民警和社区工作人员，当场杀害3名女性社区工作人员，并将任某等人逼入院内一房间。木某同其他恐怖组织成员向该房间泼洒汽油点火焚烧，致任某等9名民警和社区工作人员被当场烧死。之后，木某伙同其他恐怖组织成员冲出院子，手持砍刀追砍前来处置的人员，致镇派出所教导员买某当场死亡，一名协警受伤，并损毁停放在附近的三辆汽车。喀某等暴徒持斧头、砍刀等凶器冲入商贸市场，砍杀前来处置的派出所民警及镇政府干部，致两人重伤（经抢救无效死亡）。后喀某等人又闯入色力布亚镇派出所放火。在行凶、放火过程中，喀某等6名暴徒被当场击毙，艾某被击伤当场抓获后经抢救无效死亡。当晚，吾某伙同他人将该组织藏匿的制爆物品转移。

2013年8月12日，新疆喀什地区中级人民法院对巴楚“4·23”暴力恐怖案件中木某等5名被告人一审公开开庭审理并当庭宣判，分别以组织、领导恐怖组织罪、非法制造爆炸物罪、故意杀人罪数罪并罚，判处被告人木某死刑，剥夺政治权利终身；以参加恐怖组织罪、故意杀人罪数罪并罚，判处被告人热某死刑，剥夺政治权利终身；以参加恐怖组织罪、非法制造爆炸物罪数罪并罚，判处被告人拜某无期徒刑，剥夺政治权利终身；以参加恐怖组织罪分别判处被告人吾某、塔某有期徒刑9年6个月，剥夺政治权利3年；有期徒刑9年，剥夺政治权利3年。

【专家评析】

恐怖主义行为是一种严重的国际犯罪，大多数国家在其刑法中亦程度不同地规定了该类犯罪。然而，由于对恐怖主义的不同理解，以及受各自的政治、经济、社会、文化等因素的制约和影响，其规定方式又不尽一致。我国现行刑法没有规定恐怖活动罪，而是规定了组织、领导、参加恐怖组织罪。本罪是行为犯，法律并未规定必须发生一定的结果才成立犯罪，而是只要实施组织、领导或参加的行为就可构成本罪。组织、领导、参加恐怖活动组织而又实施其他犯罪的，依照数罪并罚的规定处理。

本案中，木某等5人组成的暴力恐怖团伙依法应当被认定为恐怖组织。该团伙经常收听观看境外恐怖组织煽动实施暴力恐怖活动的音视频，为实施暴力恐怖活动印制大量宣扬宗教极端、暴力恐怖思想的反动书籍，购置器材进行暴恐体能技能训练，制作砍刀等凶器和用于暴恐活动的旗帜、标识，购买了大量制爆原料，并于2013年3月8日成立了暴力恐怖组织，由喀某为主要头目，木某负责制造爆炸装置和作案工具，拜某负责提供制爆原材料。其后，木某伙同喀某多次组织吾某、塔某等恐怖组织成员进行非法宗教活动、暴恐训练、制爆试爆，并录像记录训练过程。该组织具有成员多数性、犯罪目的明确性、有较强的组织性、稳定性等特征，并以恐吓方式危害公众、社会、政府而组成，具有严重的社会危害性，依法应当认定为刑法第120条所指的恐怖组织。

由于本罪是行为犯，只要该组织被认定为恐怖组织，组织、领导、积极参加和参加者均应以本罪论处。由于喀某等6名恐怖分子被当场击毙，不再追究其刑事责任；被告人木某因在该恐怖组织中具有组织和领导作用，因此应当以组织、领导恐怖组织罪论处。此外，他在“4·23”事件中以故意杀人为目的，纵火烧死9名民警和社区工作人员；参与非法制造爆炸物，危害公共安全，同时构成非法制造爆炸物罪和故意杀人罪，应当数罪并罚。被告人热某构成参加恐怖组织罪、故意杀人罪，应当数罪并罚；被告人拜某构成参加恐怖组织罪、非法制造爆炸物罪，应当数罪并罚；被告人吾某、塔某构成参加恐怖组织罪。

【法条指引】

中华人民共和国刑法

第一百二十条 组织、领导恐怖活动组织的，处十年以上有期徒刑或者无期徒刑；积极参加的，处三年以上十年以下有期徒刑；其他参加的，处三年以下有期徒刑、拘役、管制或者剥夺政治权利。

犯前款罪并实施杀人、爆炸、绑架等犯罪的，依照数罪并罚的规定处罚。

▶ 二十二、资助恐怖活动罪

【宣讲要点】

1. 什么是资助恐怖活动罪？该罪的犯罪构成要件是什么？

资助恐怖活动罪，是指为恐怖活动或者为实施恐怖活动的个人提供资金、物资和其他帮助的行为。

本罪的构成要件是：侵犯的客体是公共安全，即不特定多数人的生命、健康和财产安全。行为对象可以是本国公民，也可以是外国人。客观方面表现为以金钱或者其他物质资助恐怖活动组织或者实施恐怖活动的个人的行为。犯罪主体为一般主体，即凡达到刑事责任年龄、具备刑事责任能力的人均可构成本罪，既包括自然人，也包括单位。主观方面表现为故意。

2. 资助恐怖活动的具体表现有哪些?

资助恐怖活动，具体表现是为恐怖活动组织或者实施恐怖活动的个人筹集、提供经费、物资或者提供场所以及其他物质便利。

3. 资助恐怖活动案的立案标准是什么?

资助恐怖活动罪是刑法修正案（三）增加的犯罪。根据刑法的规定，本罪属于行为犯罪，而且本罪的社会危害性较大，不宜量化立案追诉标准，因此其立案追诉标准重申了刑法的规定，即：资助恐怖活动组织或者实施恐怖活动的个人的，应予立案追诉。

本条规定的“资助”，是指为恐怖活动组织或者实施恐怖活动的个人筹集、提供经费、物资或者提供场所以及其他物质便利的行为。“实施恐怖活动的个人”，包括预谋实施、准备实施和实际实施恐怖活动的个人。

4. 对资助恐怖活动罪如何处罚?

犯资助恐怖活动罪的，处5年以下有期徒刑、拘役、管制或者剥夺政治权利，并处罚金；情节严重的，处5年以上有期徒刑，并处罚金或者没收财产。

【典型案例】

喀某等9人自2004年以来长期接受宗教极端暴力恐怖分裂思想，2008年企图制造影响，破坏奥运会，成立了以分裂国家为目的的“圣战者”暴力恐怖组织，伺机策划实施暴力恐怖活动。2008年8月12日凌晨2时许，该组织成员喀某等9人袭击了疏勒县亚曼亚乡7村治安哨卡，导致3人死亡、1人重伤。在随后公安的围剿过程中，又导致3人死亡、6人受伤。玉某、吐某、阿某将暴力恐怖分子窝藏在自己家里并提供食宿、帮助。喀什地区中级人民法院一审以分裂国家罪，组织、领导、参加恐怖组织罪和故意杀人罪，判处喀某等5人死刑，剥夺政治权利终身；以分裂国家罪和参加恐怖组织罪，判处阿某无期徒刑，剥夺政治权利终身；以煽动分裂国家罪和资助恐怖活动罪，判处玉某等3人有期徒刑15年，剥夺政治权利5年，没收个人全部财产。

【专家评析】

资助恐怖活动罪是与组织、领导、参加恐怖组织罪关系密切的犯罪。行为人没有参加恐怖组织，但为恐怖活动组织或者实施恐怖活动的个人筹集、提供经费、物资或者提供场所以及其他物质便利的，应以本罪论处。这样规定是为了从经济来源上打击恐怖活动和恐怖组织。

根据《最高人民检察院、公安部关于公安机关管辖的刑事案件立案追诉标准的规定（二）》的规定，资助恐怖活动包括筹集资金和提供资金两种具体行为，单纯的筹集资金行为，同样应以资助恐怖活动罪定罪处罚；资助的方式不以金钱为限，为恐怖活动组织或者实施恐怖活动的个人筹集、提供经费、物资或者提供场所以及其他物质便利的行为，均属于资助行为；资助恐怖活动罪的成立不以被资助的人具体实施恐怖活动为条件，预谋实施、准备实施和实际实施恐怖活动的个人，均属于刑法第120条之一规定的“实施恐怖活动的个人”。

本案中，玉某等3人没有参加喀某等9人以分裂国家为目的的“圣战者”暴力恐怖组织，不构成参加恐怖组织罪，但是该3人主观上具有资助恐怖组织的故意，客观上实施了将“圣战者”暴力恐怖分子窝藏在自己家里并提供食宿、帮助的行为。《最高人民检察院、公安部关于公安机关管辖的刑事案件立案追诉标准的规定（二）》第1条第2款规定：刑法第120条之一规定的“资助”，是指为恐怖活动组织或者实施恐怖活动的个人筹集、提供经费、物资或者提供场所以及其他物质便利的行为。据此，应当以资助恐怖活动罪追究3人的刑事责任。

【法条指引】

中华人民共和国刑法

第一百二十条 组织、领导恐怖活动组织的，处十年以上有期徒刑或者无期徒刑；积极参加的，处三年以上十年以下有期徒刑；其他参加的，处三年以下有期徒刑、拘役、管制或者剥夺政治权利。

犯前款罪并实施杀人、爆炸、绑架等犯罪的，依照数罪并罚的规定处罚。

第一百二十条之一 资助恐怖活动组织或者实施恐怖活动的个人的，处五年以下有期徒刑、拘役、管制或者剥夺政治权利，并处罚金；情节严重的，处五年以上有期徒刑，并处罚金或者没收财产。

最高人民法院关于审理洗钱等刑事案件具体应用法律若干问题的解释

第四条 刑法第一百九十一条、第三百一十二条、第三百四十九条规定的犯罪，应当以上游犯罪事实成立为认定前提。上游犯罪尚未依法裁判，但查证属实的，不影响刑法第一百九十一条、第三百一十二条、第三百四十九条规定的犯罪的审判。

上游犯罪事实可以确认，因行为人死亡等原因依法不予追究刑事责任的，不影响刑法第一百九十一条、第三百一十二条、第三百四十九条规定的犯罪的认定。

上游犯罪事实可以确认，依法以其他罪名定罪处罚的，不影响刑法第一百九十一条、第三百一十二条、第三百四十九条规定的犯罪的认定。

本条所称“上游犯罪”，是指产生刑法第一百九十一条、第三百一十二条、第三百四十九条规定的犯罪所得及其收益的各种犯罪行为。

第五条 刑法第一百二十条之一规定的“资助”，是指为恐怖活动组织或者实施恐怖活动的个人筹集、提供经费、物资或者提供场所以及其他物质便利的行为。

刑法第一百二十条之一规定的“实施恐怖活动的个人”，包括预谋实施、准备实施和实际实施恐怖活动的个人。

▶ 二十三、劫持航空器罪

【宣讲要点】

1. 什么是劫持航空器罪？该罪的犯罪构成要件是什么？

劫持航空器罪，是指以暴力、胁迫或者其他方法劫持航空器的行为。

本罪的构成要件是：侵犯的客体是航空运输安全，即不特定的多数旅客、机组人员的生命、健康以及航空器及其运载物品的安全。犯罪对象是正在使用中的民用航空器，如飞机、飞艇等，军用航空器不是本罪的犯罪对象。客观方面表现为以暴力、胁迫或者其他方法劫持航空器的行为。本罪属于行为犯，行为人只要实施完毕以暴力、胁迫或者其他方法劫持航空器的行为，即构成犯罪既遂，是否造成严重后果不影响本罪的构成。犯罪主体是一般主体，凡达到法定刑事责任年龄、具有刑事责任能力的自然人，不论是中国人还是外国人，均可以成为本罪的主体。主观方面表现为故意，即行为人明知自己劫持航空器的行为会造成危害航空运输安全的严重后果，并且希望或者有意识地放任这种结果的发生。

2. 劫持航空器的具体表现有哪些？

劫持航空器，具体表现为以暴力、胁迫或者其他方法劫持航空器的行为。首先，犯罪对象是航空器。如何理解航空器，立法中并未明确区分民用航空器与国家航空器。我们认为，根据《东京公约》《海牙公约》和《蒙特利尔公约》关于本公约不适用于供军事、海关或警用的航空器的规定，只能是指正在飞行中的民用航空器。因此，非民用航空器（即国家航空器）即使被劫持的，按照国际公约规定，属于国内犯罪，不应构成作为国际犯罪的劫持航空器罪，可作其他犯罪处理。对于劫持非民用航空器的行为，即使作为国内犯罪，应按照刑法第121条定罪处刑。

其次，必须以暴力、胁迫或者其他方法劫持航空器。暴力，是指直接对航空器实施暴力袭击或者对被害人采用危害人身安全和人身自由的行为，使其丧失反抗能力或者不能反抗的身体强制方法，如劫机分子携带匕首、枪支、炸药、雷管、引爆装置等对旅客和机组人员（包括驾驶员、副驾驶员、领航员、报务员、机械员、通讯员、乘务长、空中小姐），进行捆绑、殴打、杀死、伤、爆炸等。胁迫是指以暴力为内容进行精神胁迫使被害人不敢反抗的精神强制方法，如劫机犯向机组人员或乘客喊谁动就打死谁、动就宰了你、动就马上引爆等。其他方法，是指除暴力、胁迫以外的其他使被害人不能反抗或不敢反抗的强制方法。劫持是指犯罪人按照自己的意志非法强行劫夺或控制航空器的行为，如改变航空器的飞行路线或着陆地点等。劫持航空器的行为，一经实施，即构成本罪；行为人是否实际控制了航空器，并不影响犯罪成立。

3. 劫持航空器案的立案追诉标准是什么？

根据刑法第 121 条的规定，以暴力、胁迫或者其他方法劫持航空器，足以危害共安全的，应予立案追究。

4. 对劫持航空器罪如何处罚？

犯劫持航空器罪的，处 10 年以上有期徒刑或者无期徒刑；致人重伤、死亡或者使航空器遭受严重破坏的，处死刑。

具体而言，刑法第 121 条对于劫持航空器罪设置了两个量刑档次，即分情节一般和情节特别严重两种情况分别予以处罚：情节一般的，处 10 年以上有期徒刑或者无期徒刑；致人重伤、死亡或者使航空器遭受严重破坏或者情节特别严重的，处死刑。所谓情节特别严重，主要是指虽未造成致人重伤、死亡或者使航空器遭受严重破坏的后果，但犯罪手段恶劣，造成特别严重的政治影响或造成其他重大损失的等等，如以暴力或暴力威胁拒捕的；在航空器处于危险的状况下，仍强迫飞行、拒绝迫降的；降落于非预定的降落地，羁留航空器上的人员，以待回赎或让其做违反其意志的服务，使航空器改变飞行计划的；意图毁弃或损坏航空器或其所装载的设备而使用炸药或纵火器具，并引起爆炸或火灾的，等等。

5. 如何认定“正在使用中”的民用航空器？

根据有关反劫机的国际公约规定，所谓“正在使用中”包括三种状态：一是指从航空器装载完毕、机舱外部各门均已关闭时起，至打开任一机舱门为止的期间的任何时间；二是指航空器被迫降落后，主管当局接收该机及所载人员和财产前的任何时间；三是处于待飞状态的航空器。如果行为人劫持的不是上述正在使用中的航空器，如劫持正在装配或者正在维修中的航空器的，则不会直接危害航空运输安全，因而不能以劫持航空器罪论处。

6. 如何认定劫持航空器罪的既遂与未遂？

区分本罪的既遂与未遂，关键的是合理确定区分标准。关于这个问题，刑法学界存在着以下不同意见：（1）着手说。认为劫持航空器的犯罪属于行为犯，只要行为人一开始着手实施劫持行为，无论该行为持续时间长短，无论把航空器劫持到哪里，均构成劫持航空器罪的既遂。只有在特殊情况下，如罪犯已将犯罪工具带入航空器内，在准备开始着手实施劫持行为时就被抓获，因而未能实施劫持行为的，才构成该罪的未遂。（2）目的说。认为行为人劫持航空器的目的一般是要外逃，因此，行为人在着手实施劫持行为后，把航空器劫持到了他指定的地点，劫机外逃取得了成功，才算该罪的既遂；如果未能使航空器劫持到预定的降落地，就是该罪的未遂。（3）离境说。认为行为人着手实施劫持行为后，被劫持的航空器飞出了本国的领域以外，即飞出了国境线的，构成该罪的犯罪既遂；否则就是未遂。（4）控制说。认为行为人着手实施劫持行为后，已经实际控制了该航空器的，为该罪的既遂；未能控制该航空器的，为未遂。其中，控制说的主张符合国际和国内立法的精神。《海牙公约》第 1 条明确规定：在飞行中的航空器内的任何人，如果用暴力或用暴力威胁，或采用任何其他恐吓方式，非法劫持或控制该航空器，或企图采取任何这种行为，或是犯有或企图犯有任何这种行为的人的从犯，都是犯了作为公约的对象的犯罪。依据公约规定，国际法是将劫持航空器的犯罪划分为罪犯和嫌疑犯两种的。而嫌疑犯是一种犯罪性质不确定的人犯，其中包括劫持航空器的预备犯和未遂犯，也包含在航空器内构成其他犯罪的罪犯，且不论是罪犯或嫌疑犯都存在着共同犯罪形式。显然，国际公约是以犯罪分子是否劫持或控制该航空器作为既遂与未遂标准的，而不是以犯罪分子的犯罪目的是否达到或被劫持的航空器是否飞出国境线作为标准的。刑法第 121 条也明确规定：以暴力、胁迫或其他方法劫持航空器的构成劫持航空器罪。因此，犯罪分子在着手实施劫持行为，并已达到非法劫持或控制该航空器的程度，就具备了犯罪构成的全部要件，应是劫持航空器罪的犯罪既遂；如果犯罪分子在着手实施劫持行为后，因其意志以外的原因未能达到非法劫持或控制该航空器的程度，就应认定为未完成犯罪而构成本罪的未遂。其次，采用控制说为划分既遂与未遂的标准，更能反映劫持航空器罪的本质特征。国际公约中规定的危害民用航空安全的犯罪，不仅包括非法劫持航空器的犯罪，而且包括其他危害民用航空安全的犯罪。其他危害民用航空器安全的犯罪，虽然也危及了飞行的安全，但却不完全有非法劫持的性质。而犯罪分子一旦实施了劫持行为，并实际控制了被劫持的航空器，就对该航空器以及旅客生命、财产安全以及公共安全造成了实际的威胁或破坏，这也正是劫持航空器罪的本质特征所在。因此，将犯罪人实际控制该航空器作为犯罪既遂的标准挺合适的。至于着手说、目的说或离境说，作为划分本罪既遂与未遂的标准，不符合法律的规定和本罪的本质特征，因此是不可取的。

7. 如何区分本罪与其他危害民用航空安全犯罪?

根据有关国际公约的规定，危害民用航空安全或秩序的犯罪包括三类。一是空中劫持罪，又称非法劫持航空器罪、劫机罪，与我国的劫持航空器罪相同。该罪是在1963年的《东京公约》规定的犯罪。二是危害国际民用航空安全罪。就一般意义而言，劫持本身也是一种危害民用航空安全的犯罪，但是鉴于空中劫持的严重性，1970年的《海牙公约》已将其规定为一种独立的国际犯罪。所以，危害民用航空安全罪，实际上是除劫持航空器以外的其他危害国际民用航空安全的行为。根据《蒙特利尔公约》及其议定书的规定，危害国际民用航空安全罪在客观上包括下列犯罪行为：(1) 对飞行中的航空器内的人实施可能危及航空器安全的暴力行为；(2) 破坏或损坏使用中的航空器而使其不能飞行或危及其飞行安全的行为；(3) 在使用中的航空器内放置具有破坏或损坏该航空器而使其无法飞行或危及飞行安全的行为；(4) 破坏或损坏航行设备或妨碍其操作以致危及飞行中的航空器安全的行为；(5) 在国际机场上实施足以危害民用航空安全的暴力行为；(6) 传送明知虚假的、可能危及飞行中的航空器安全的情报的行为；(7) 上述行为的未遂行为；(8) 教唆、共谋或帮助上述犯罪的行为。三是妨害国际航空罪，即指除前两类罪以外的其他破坏国际航空秩序的犯罪行为，诸如在飞行中的航空器内实施还尚不致危及该航空器安全的暴力（谋杀行为、伤害行为、绑架、劫持人质）的行为，严重妨害机组人员正常活动的行为等。这类犯罪，虽然不直接危及航空器的安全，但是也直接破坏了国际民用航空的正常秩序，因而也是一种破坏国际民用航空秩序的犯罪。

我国的劫持航空器罪与上述第一种犯罪相同，而不包括后两类犯罪。那么出现了后两类犯罪行为后如何处理？对于不是出于劫持的目的，故意或过失损坏使用中的航空器或航行设备，以致航空器不能飞行或可能危及飞行安全的，应分别适用刑法第 116 条、第 117 条破坏交通工具罪和破坏交通设施罪，而不宜认定为劫持航空器罪。对于出于非法占有为目的，在飞行航空器内以暴力或以暴力相威胁手段抢劫财物的，不论是否致人重伤、死亡，因航空交通的特殊情形，都可能危及飞行安全，因此，应认定为抢劫罪，并适用刑法第 263 条第 1 款第 2 项之规定从重处罚。

【典型案例】

2011 年 10 月至 2012 年 2 月，被告人木某、艾某、吾某、阿某和阿某某等人，接受宗教极端、暴力恐怖内容的反动宣传，形成以木某、艾某为首要分子的暴力恐怖组织，并为实施暴力恐怖活动，进行了多次准备。2012 年 5 月中旬至 6 月间，木某等人商议劫持飞机出境进行恐怖活动，并多次踩点、探查机场安检和机舱内情况，准备燃爆物品和金属拐杖、打火机、火柴等作案工具，又招募买某参与并进行策划、分工，同时商定如果劫机不成就炸毁飞机，与机上人员同归于尽。6 月 29 日，木某等人分别携带伪装后的燃爆物品、作案工具通过安检后登上 GS7554 航班。飞机起飞后，艾某、木某、吾某、阿某等被告人和买某、阿某某手持拆卸后的金属拐杖，高喊宗教极端口号撞击驾驶舱，殴打、威胁机组人员和乘客，在引燃爆炸装置过程中，分别被乘客和机组人员奋力制伏。GS7554 航班被迫返航降落和田机场，木某等 6 人被抓获。其中，阿某某、买某在被制伏过程中受伤，经医治无效死亡。上述被告人的犯罪行为致24名乘客、机组人员不同程度受伤，造成财产损失2858.3万元。新疆和田地区中级人民法院一审公开开庭审理木某等4名被告人暴力恐怖劫机案并当庭宣判，以组织、领导、参加恐怖组织罪、劫持航空器罪、爆炸罪等数罪并罚，分别判处被告人木某、艾某、吾某死刑，剥夺政治权利终身；判处被告人阿某无期徒刑，剥夺政治权利终身。

【专家评析】

暴力危及飞行安全罪和劫持航空器罪侵犯的都是航空器的飞行安全，且一般都是在飞行中的航空器内实施的。劫持航空器的行为，往往伴随暴力危及飞行安全的行为；当行为人出于劫持航空器的目的，对正在飞行中的航空器上的人员如驾驶员使用暴力，危及飞行安全的，则是一行为同时触犯两个罪名，属于想象竞合犯，即对正在飞行中的航空器上的人员使用暴力的行为，既触犯了暴力危及飞行安全罪的罪名，又触犯了劫持航空器罪的罪名，属于想象竞合犯，应从一重罪即劫持航空器罪论处。

本案中，被告人木某等人主观上具有劫持飞机的目的，客观上实施了携带伪装后的燃爆物品、作案工具通过安检后登上GS7554航班，并在登机后进行撞击驾驶舱，企图劫持飞机，依法可以认定为劫持航空器罪；同时，其携带炸药登机、企图在飞行的航空器中引燃炸药的行为又构成了爆炸罪。依照刑法规定，应当以劫持航空器罪和爆炸罪数罪并罚。

【法条指引】

中华人民共和国刑法

第一百二十一条 以暴力、胁迫或者其他方法劫持航空器的，处十年以上有期徒刑或者无期徒刑；致人重伤、死亡或者使航空器遭受严重破坏的，处死刑。

▶ 二十四、劫持船只、汽车罪

【宣讲要点】

1. 什么是劫持船只、汽车罪？该罪的犯罪构成要件是什么？

劫持船只、汽车罪，是指以暴力、胁迫或者其他方法强行控制船只、汽车的行为。

本罪的构成要件是：侵犯的客体是公共安全，主要是指船只、汽车的交通运输安全和不特定多数旅客的生命、健康及财产安全。犯罪对象只能是船只、汽车。劫持行为一旦发生，就有可能危害船只、汽车的交通运输安全和不特定多数旅客的生命、健康及财产安全，造成人员伤亡和财产毁损。因此，必须予以严厉打击。客观方面表现为以暴力、胁迫或者其他方法劫持船只、汽车的行为。本罪是行为犯，只要行为人实施了以暴力、胁迫或者其他方法劫持船只、汽车的行为，即构成犯罪既遂，而不论其犯罪目的是否实现。犯罪主体为一般主体，即凡年满16周岁、具有刑事责任能力的人均可构成本罪。主观方面表现为故意，本罪不存在过失犯。

2. 劫持船只、汽车的具体表现有哪些？

劫持船只、汽车，具体表现为以暴力、胁迫或者其他方法劫持船只、汽车的行为。所谓“暴力”，是指对船只、汽车上的人员，特别是驾驶人员、售票人员，实施捆绑、殴打、伤害等行为，迫使船只、汽车改变方向或自己亲自控制。所谓“胁迫”，是对乘务人员施以精神恐吓和强制，如以车、船相威胁，使驾驶、操纵人员不敢反抗，听凭其指挥或自己亲自操纵驾驶。所谓“其他方法”，是指除上述暴力、胁迫方法以外的任何其他劫持方法，如使用麻醉品将驾驶人员致醉、致昏等，使驾驶人员处于不能反抗或不知反抗的状态，从而达到劫持船只、汽车的目的。

3. 劫持船只、汽车案的立案追诉标准是什么？

以暴力、胁迫或者其他方法劫持船只、汽车的，应予立案追究。

4. 对劫持船只、汽车罪如何处罚?

犯劫持船只、汽车罪的，处5年以上10年以下有期徒刑；造成严重后果的，处10年以上有期徒刑或者无期徒刑。

5. 如何准确认定劫持船只、汽车罪?

认定行为人是否构成劫持船只、汽车罪，关键在于查明行为人的行为是否具有相当严重的社会危害性，是否具备劫持船只、汽车罪的构成要件。如果行为人没有使用暴力、胁迫或其他方法，或者没有劫持船只、汽车，或者劫持的不是船只、汽车的，都不构成本罪。司法实践中，特别要注意把劫持船只、汽车罪同正当的执行公务行为、紧急避险行为等区别开来。劫持船只、汽车罪中的劫持应是非法的，而不是合法的，如果行为人出于合法目的而强行使用船只、汽车的，不构成劫持船只、汽车罪。例如，人民警察看到犯罪分子正驾驶摩托车逃离作案现场，经出示有关证件而征用小型私营公共汽车追击。在这里，警察为了抓捕在逃的犯罪嫌疑人，强制私营公共汽车驾驶员开车追击被劫持汽车的行为，不仅不具有社会危害性，而且是对社会有益的行为，因此，不构成劫持汽车罪。同样，行为人出于正当的公务活动的需要或者出于紧急避险而劫持船只、汽车的，也不构成劫持船只、汽车罪。

6. 如何区分本罪与破坏交通工具罪?

劫持船只、汽车罪与破坏交通工具罪都是故意犯罪，侵犯的客体都是交通运输安全。二者的区别在于：

（1）犯罪客观方面不同。劫持船只、汽车罪的行为人通常采取暴力、胁迫或者其他方法劫持船只、汽车，且一般是在船只、汽车内公然实施的；破坏交通工具罪的行为人通常是采取盗窃、爆炸等手段破坏船只、汽车等交通工具，一般容易导致船只、汽车等交通工具的倾覆或者毁坏，且多是秘密实施的。

（2）犯罪对象不同。劫持船只、汽车罪的犯罪对象仅限于船只、汽车；破坏交通工具罪的犯罪对象则不限于船只、汽车，还包括火车、航空器等。

（3）犯罪主观方面不同。劫持船只、汽车罪的行为人也可能对船只、汽车进行破坏，但其犯罪目的不是为了使船只、汽车发生倾覆或毁坏危险，而是为了劫夺和控制船只、汽车；破坏交通工具罪的行为人是通过破坏船只、汽车等交通工具而使船只、汽车等交通工具倾覆或毁坏。

7. 如何区分本罪与抢劫罪?

两罪的主体都为一般主体，主观方面都是出于故意，客观方面都可表现为暴力、胁迫或者其他方法。两者的区别主要是：

（1）主观目的完全不同。本罪的行为意在控制船只、汽车按自己的意图行驶；而抢劫罪的目的在于非法占有财物。

（2）侵犯的客体不同。本罪所侵害的客体为公共安全，包括交通运输安全和不特定乘客的生命、健康安全；而抢劫罪的客体则是公私财物的所有权和特定公民的人身健康权利。

（3）侵犯的对象不同。本罪的对象仅限于船只和汽车，而抢劫罪的对象则包括船只、汽车在内的一切有形的动产，对象比本罪广泛得多。

（4）客观方面表现不完全相同。本罪由于意在控制船只、汽车，一旦达到其目的，往往会离船、离车而去，或者将所劫船只、汽车予以毁坏；而抢劫罪由于意在占有所劫之物，通常就会在一段时间继续使用或出卖所劫船只、汽车。如果行为人出于非法占有的目的，劫取正在使用中的船只、汽车，其行为同时触犯本罪，但无需数罪并罚。如果查不清行为人的具体目的，则可以本罪论处。

【典型案例】

2005 年 4 月 5 日晚 9 时许，胡某与妻子陈某及朋友夏某、蒋某 4 人饮酒后到镇江市一练歌房饮酒唱歌。10 时许，夏某、蒋某相继离开。后胡某与陈某在包厢内发生争执并砸坏包厢门玻璃和酒瓶等物品。后胡某手持一空啤酒瓶并用胳膊挟持陈某至练歌房大门口，打开停在门口待客的一辆出租车后门，将陈某推、踢进车内，然后自己上车让驾驶员王某将车驶离现场。王某正欲驾车离开时，练歌房经理上前阻拦并告知已报警，王某遂将车熄火并下车站在驾驶室门外，并欲拔去出租车钥匙。此时，胡某下车手持空啤酒瓶绕过车头冲向王某，并用啤酒瓶向王某砸去，王某因害怕受伤而退后几步，胡某见未砸中王某，便乘机坐进出租车驾驶室，经多次发动后将车快速驶离现场。后胡某驾车撞上路边大树，致车身从中间一分为二断成两截，陈某被甩出车外，当场死亡。出租车严重毁损，经估价损失为5.9万元。后交警部门出具交通事故责任认定书，认定胡某因酒后驾驶发生交通事故，应负事故的全部责任。法院审理后，判决：胡某犯劫持汽车罪，判处有期徒刑12年零6个月。

【专家评析】

本案争议的焦点在于：对行为人胡某的行为应当如何定性，是抢劫罪、寻衅滋事罪、劫持汽车罪还是交通肇事罪，抑或两罪或三罪并罚？

首先，抢劫罪是指以非法占有为目的，当场使用暴力、胁迫或者其他方法，强行夺取公私财物的行为。该罪的主观方面必须具有非法占有财物的直接故意。从本案的情况来看，行为人胡某在大量饮酒和妻子发生激烈争执后情绪十分激动的情况下，将出租车强行开走，事后称对当时的事情完全不记得亦在情理之中，法院无法直接认定或推定胡某具有非法占有他人财物的目的。因此，不能认定胡某构成抢劫罪。

其次，胡某的行为不构成寻衅滋事罪。寻衅滋事罪是指在公共场所以蛮不讲理的手段，强行索要市场、商店以及他人的财物，破坏公共秩序，情节严重的行为。一般来说行为人是出于取乐、寻求精神刺激等不健康的目的，在本案中，法院亦无法认定或推定胡某有上述主观目的。因此，不能认定胡某构成寻衅滋事罪。

最后，胡某的行为构成劫持汽车罪，而不构成交通肇事罪，也不应以劫持汽车罪和交通肇事罪数罪并罚。劫持汽车罪系指以暴力、胁迫或者其他方法强使行驶中或使用中的车辆按照行为人指定的线路、方向或目的地行驶或强使车辆改变用途的犯罪行为。犯罪主体为一般主体，凡达到刑事责任年龄并具有刑事责任能力的人均可构成；主观方面表现为故意犯罪，但对犯罪目的没有要求，行为人劫持汽车，无论出于何种目的，都不影响本罪的成立；侵犯的客体是公共安全，主要是指车辆的交通运输安全和不特定多数旅客的生命、健康及财产安全；侵犯对象与公共安全关系密切，劫持这类交通工具，就有可能危害车辆的交通运输安全和不特定多数旅客的生命、健康及财产安全，造成人员伤亡或财产毁损；在客观方面表现为以暴力、胁迫或者其他方法劫持汽车的行为，其中暴力是指对车辆上的人员，特别是驾驶人员等实施捆绑、殴打、伤害等行为，迫使车辆改变方向或自己亲自控制车辆的行为。劫持汽车罪是行为犯，只要行为人实施了以暴力、胁迫或者其他方法劫持汽车的行为，足以对公共安全构成威胁，即构成本罪既遂。行为人胡某用酒瓶砸出租车驾驶员王某，暴力行为明显，同时行为人胡某饮酒后驾驶汽车，违反了我国道路交通安全法第22条第2款的规定，导致交通事故的发生，其违法行为是导致事故发生的直接原因。从表面上看，行为人胡某的行为又符合交通肇事罪的构成要件，但结合行为人的前述行为及我国法律规定来看，应当认定其构成劫持汽车罪的结果加重犯。结果加重犯在理论上认为是实质的一罪。法律上认为该损害结果是胡某劫持汽车的基本罪行导致的结果，因而不予单独处罚或数罪并罚，而仅仅作为加重劫持汽车罪法定刑的情况。综上，行为人胡某以暴力方法劫持正在营运的出租汽车，酒后高速驾驶，足以危害公共安全，并造成一人死亡、车辆毁损的严重后果，其行为完全符合劫持汽车罪的构成要件，构成劫持汽车罪，法院最终以劫持汽车罪对行为人胡某定罪处罚是正确的。

【法条指引】

中华人民共和国刑法

第一百二十二条 以暴力、胁迫或者其他方法劫持船只、汽车的，处五年以上十年以下有期徒刑；造成严重后果的，处十年以上有期徒刑或者无期徒刑。

▶ 二十五、暴力危及飞行安全罪

【宣讲要点】

1. 什么是暴力危及飞行安全罪？该罪的犯罪构成要件是什么？

暴力危及飞行安全罪，是指对飞行中的航空器上的人员使用暴力，危及飞行安全的行为。

本罪的构成要件是：侵犯的客体是复杂客体，主要侵犯了航空飞行的公共安全，同时也侵犯了被害人的人身权利。客观方面表现为行为人对飞行中的航空器上的人员使用暴力，危及飞行安全的行为。本罪是危险犯，不以造成严重后果为要件，只要行为人对飞行中的航空器上的人员使用暴力行为，足以危及飞行安全的，即构成本罪。犯罪主体为一般主体，凡达到刑事责任年龄、具备刑事责任能力的自然人均可成为本罪主体；既可以由中国人构成，也可以由外国人或无国籍人构成。主观方面表现为故意。司法实践中，行为人对危及飞行安全的结果在主观上大多是出于间接故意。

2. 暴力危及飞行安全的具体表现有哪些?

首先，行为人必须是使用了暴力，但不受所用暴力的手段和程度的影响。如殴打、刺伤、枪杀，等等。

其次，使用暴力必须是针对飞行中的航空器上的人员，而不是其他场合的人员。如果行为人的暴力行为针对的不是飞行中的航空器上的人员，而是航空器本身，则不能认定为暴力危及飞行安全罪中的“暴力危及飞行安全”。如，恐怖主义分子通过损毁飞行中的航空器造成大规模的人员伤亡的行为，不能认定为本罪，可以危险方法危害公共安全罪论处。

最后，行为人暴力的程度足以危及飞行安全。如果只是一般推撞打架、口角争斗而不足以危及飞行安全的，则不能认定为本罪。

3. 暴力危及飞行安全案的立案追诉标准是什么?

根据刑法第123条的规定，对飞行中的航空器上的人员使用暴力，危及飞行安全的，应予立案追究。

4. 对暴力危及飞行安全罪如何处罚?

犯暴力危及飞行安全罪的，处5年以下有期徒刑或者拘役；造成严重后果的，处5年以上有期徒刑。

5. 如何准确认定暴力危及飞行安全罪?

认定某种行为是否构成暴力危及飞行安全罪，关键在于查明该行为是否具有相当严重的社会危害性，是否具有本罪的构成要件，是否危害或足以危害飞行安全。如果行为人对正在飞行中的航空器上的人员实施的不是暴力行为而是胁迫或其他行为；或者行为人不是对航空器上的人员使用暴力，而是对航空器以外的人员或航空器本身施用暴力或强力；或者行为人不是对正在飞行中的航空器上的人员使用暴力，而是对停机待用的航空器上的人员使用暴力；或者行为人是对正在飞行中的航空器上的人员使用暴力，但不足以危及飞行安全的，则均不构成本罪。为了制止飞行中的航空器上正在进行的不法侵害行为如劫持航空器的犯罪行为等，行使正当防卫权利的，即使是对不法侵害行为人使用暴力，且有可能危及飞行安全的，也不构成本罪。因为正当防卫行为不仅不具有社会危害性，而且是对社会有益的行为。

6. 如何区分本罪与破坏交通工具罪?

本罪和破坏交通工具罪都是故意犯罪，并且都有可能危及飞行安全。对两罪进行区分，关键在于以下两点：（1）犯罪对象不同。本罪的犯罪对象多为航空器上的人员，包括机组人员、乘客和其他任何人员；破坏交通工具罪的犯罪对象为交通工具本身，如破坏航空器的发动机等。（2）犯罪客观方面不同。本罪是对正在飞行中的航空器上的人员使用暴力；破坏交通工具罪在时间上为正在使用中的航空器，包括航空器停机待用的，且手段也不限于暴力。

7. 如何区分本罪与劫持航空器罪?

暴力危及飞行安全罪和劫持航空器罪侵犯的都是航空器的飞行安全，且一般都是在飞行中的航空器内实施的。两者的主要区别是：

（1）主观方面不同。劫持航空器罪的犯罪行为人对航空器上的人员使用暴力，其目的在于劫持航空器；本罪的犯罪行为人对正在飞行中的航空器上的人员使用暴力，只有危及民用航空器飞行安全的故意，而无劫持航空器的故意和目的。

（2）客观方面表现不同。暴力危及飞行安全罪的犯罪行为人是对正在飞行中的航空器上的人员使用暴力，其犯罪行为只能发生在正在飞行中的航空器内，犯罪对象是航空器上的人员，犯罪手段仅限于暴力；而劫持航空器罪的犯罪行为人是对正在使用中或正在飞行中的航空器本身和机上人员使用暴力、胁迫或其他方法，包括正在使用中如停机待用的航空器，犯罪对象包括航空器本身和机上人员，犯罪手段也不限于暴力。

（3）构成犯罪的要求不同。暴力危及飞行安全罪的犯罪行为人对正在飞行中的航空器上的人员使用暴力，必须危及飞行安全；劫持航空器罪的犯罪行为人只要实施了劫持行为即构成犯罪。当然，如果行为人出于劫持航空器的目的，对正在飞行中的航空器上的人员如驾驶员使用暴力，危及飞行安全的，则是一行为同时触犯两个罪名，属于想象竞合犯，即对正在飞行中的航空器上的人员使用暴力的行为，既触犯了暴力危及飞行安全罪的罪名，又触犯了劫持航空器罪的罪名，属于想象竞合犯，应从一重罪即劫持航空器罪论处。

8. 如何区分本罪与重大飞行事故罪？

重大飞行事故罪是指航空人员违反规章制度，致使发生重大飞行事故，造成严重后果的行为。暴力危及飞行安全罪与重大飞行安全事故罪的区别是：

（1）犯罪主体不同。暴力危及飞行安全罪的犯罪主体是一般主体，任何处于正在飞行中的航空器上的人员包括机组人员和乘客都可成为该罪的犯罪主体；重大飞行事故罪的犯罪主体是特殊主体，即只能是航空人员，包括从事航空活动的空勤人员和地面人员。

（2）主观方面不同。暴力危及飞行安全罪只能由故意构成；重大飞行事故罪行为人在主观上只能是过失。

（3）客观方面不同。暴力危及飞行安全罪表现为行为人对正在飞行中的航空器上的人员使用暴力，危及飞行安全的行为；重大飞行事故罪则表现为航空人员违反规章制度，因而发生重大飞行事故造成严重后果的行为。

（4）对严重后果的要求不同。构成重大飞行事故罪必须造成严重后果；暴力危及飞行安全罪并不以发生严重后果为构成要件。

【典型案例】

1997 年 11 年 11 日，王某乘坐某民航公司一班机由北京飞往广州途中，因邻座朱某不小心踩住他的脚，便对朱某大打出手。朱某忍无可忍便还手。后王某掏出水果刀向朱某刺去，朱某四处躲闪，机舱内一片混乱，飞机也因失衡而摇晃起来。朱某被王某扎死，王某方罢手。法院根据刑法第232条、第123条、第69条之规定，判决：王某犯故意杀人罪，判处死刑，剥夺政治权利终身；犯暴力危及飞行安全罪，判处有期徒刑4年；决定执行死刑，剥夺政治权利终身。

【专家评析】

航空器作为一种现代化的交通运输工具，主要用于重要物资和旅客的运输。航空器在使用中能否正常运行，直接关系到所载乘客和物资能否安全到达目的地。航空器的这种与公共安全密切相关的特性，为一些犯罪分子达到自己的非法目的提供了可乘之机。他们往往出于种种卑劣的动机和目的，用暴力严重危害空中运输安全。如果2014年3月8日发生的马来西亚航空公司MH370航班失联事件被证实为恐怖分子针对机组人员或机上乘客实施暴力所致，根据我国刑法则应当以本罪论处。

本罪侵犯的对象必须是飞行中的航空器。根据《东京公约》《海牙公约》，所谓在飞行中，是指航空器从装载结束，机舱外部各门均已关闭时起，直到打开任一机门以便卸载时为止的任何时间；而如果飞机是强迫降落的，则在主管当局接管该航空器及其所载人员和财产以前。

本罪在主观方面表现为故意，包括直接故意和间接故意，即明知自己对飞行中的航空器上的人员使用暴力，会危及飞行安全，而希望或放任这种结果发生的心理态度。在航空器运行期间，对航空器上的人员使用暴力，对机上人员的生命、财产和航空器飞行安全会造成极大的危险，稍有不慎，就会发生机毁人亡的惨剧，这是任何一个稍有航空常识的人都能认识到的。因此，构成本罪，只要行为人认识到自己的暴力行为可能危及飞行安全，并希望或放任这种结果发生就行了，而至于其暴力行为事实上是否造成机毁人亡的严重后果则不要求行为人有认识。司法实践中，行为人对危及飞行安全的结果在主观上大多是出于间接故意。如乘客甲、乙在航空器飞行中，为小事而互相谩骂，直到发展到在机舱内大打出手，引起机舱内乘客恐慌。甲、乙出于相互侵害的目的，实施暴力行为，直接追求的是对方伤亡结果的发生，而对危及飞行安全则是持放任态度。至于行为人的犯罪动机是多种多样的，有的是为了泄愤报复，有的是为了勒索钱财等。无论行为人出于何种犯罪动机，均不影响本罪的成立。

那么，对于王某的杀人行为，从法院的判决（判决王某犯故意杀人罪，判处死刑，剥夺政治权利终身；犯暴力危及飞行安全罪，判处有期徒刑4年）来看，显然是构成了两个犯罪，并且实行的是两罪并罚。法院的判决是否有问题呢？一种观点认为，刑法第123条明确规定，对飞行中的航空器上的人员使用暴力，危及飞行安全，造成严重后果的，处5年以上有期徒刑。这里“严重后果”包括致人重伤、死亡或者公私财产遭受重大损失等情况。因此，对王某的杀人行为不能重复评价，应该直接定暴力危及飞行安全罪。另一种观点认为，如果这类暴力犯罪行为同时危及飞行安全的，则应该数罪并罚，因为刑法第123条暴力危及飞行安全罪的最高法定刑是15年的有期徒刑，显然按暴力危及飞行安全罪处罚难以做到罪责相适应。

按照立法本意，刑法惩治对正在飞行中的航空器上的人员使用暴力危及飞行安全的犯罪行为，主要是为了维护航空器的飞行安全。因此，如果行为人对正在飞行中的航空器上的人员使用暴力，危及飞行安全，造成严重后果，如致使航空器严重毁损、人员重大伤亡的，应按照特别法条即暴力危及飞行安全罪定罪处罚。但是，如果行为人以故意剥夺他人生命为目的，对航空器上的人员实施杀害、伤害等暴力行为，又同时危及飞行安全的，在刑法理论上应该是一行为触犯数个罪名的想象竞合犯的问题，按想象竞合犯从一重处断的原则，应该以故意杀人罪论处。因为，在这种情况下，对犯罪行为仍以暴力危及飞行安全罪论处，显然违背罪责相适应原则，导致放纵犯罪分子。

由此，暴力危及飞行安全罪中规定的“严重后果”应该是指行为人对航空器上的人员使用暴力，但仅在危及飞行安全方面造成严重后果、影响，即“严重后果”不包括因暴力行为本身直接致被害人死亡或者以特别残忍手段致被害人重伤造成严重残疾的。如果行为人对正在飞行中的航空器上的人员使用暴力，致人轻伤或重伤，又危及飞行安全的，应以暴力危及飞行安全罪论处。这是一行为同时触犯数罪名的想象竞合犯，而暴力危及飞行安全罪的最高法定刑（15年有期徒刑）高于故意伤害罪（未致人死亡）的最高法定刑（10年有期徒刑），按从一重处断的原则，对行为人应以暴力危及飞行安全罪论处。如果行为人对正在飞行中的航空器上的人员使用暴力，致人死亡或者以特别残忍手段致人重伤造成严重残疾的，又危及飞行安全的，应以故意杀人罪或故意伤害罪论处，因为此时故意杀人罪及故意伤害罪的最高法定刑（死刑）高于暴力危及飞行安全罪。

本案中，被告人王某主观上具有放任危及飞行安全的间接故意，客观上因琐事在飞机飞行期间与被害人朱某发生纠纷，并使用水果刀将朱某刺死，导致机上乘客发生恐慌，机身因失衡而发生飞行危险，因此应当以暴力危及飞行安全罪论处。同时，王某因琐事故意杀死朱某，其行为已触犯刑法，构成故意杀人罪。被告人王某出于一个犯罪故意，实施一个犯罪行为而同时触犯两个罪名，其行为符合想象竞合犯的特征，依据从一重处断原则，应当以故意杀人罪定罪处罚。因此，法院的判决是有问题的。

【法条指引】

中华人民共和国刑法

第一百二十三条 对飞行中的航空器上的人员使用暴力，危及飞行安全，尚未造成严重后果的，处五年以下有期徒刑或者拘役；造成严重后果的，处五年以上有期徒刑。

▶ 二十六、非法制造、买卖、运输、邮寄、储存枪支、弹药、爆炸物罪

【宣讲要点】

1. 什么是非法制造、买卖、运输、邮寄、储存枪支、弹药、爆炸物罪？该罪的犯罪构成要件是什么？

非法制造、买卖、运输、邮寄、储存枪支、弹药、爆炸物罪，是指违

反国家有关枪支、弹药、爆炸物管理的法律规定，非法制造、买卖、运输、邮寄、储存枪支、弹药、爆炸物的行为。一般认为，非法制造、买卖、运输、邮寄或者储存烟花爆竹等娱乐性物品的，不能成立本罪。

本罪的构成要件是：侵犯的客体是社会公共安全，即不特定多数人的生命、健康和重大公私财产的安全。犯罪对象是枪支、弹药和爆炸物。客观方面表现为违反国家有关枪支、弹药、爆炸物管理的法律规定，实施了非法制造、买卖、运输、邮寄、储存枪支、弹药、爆炸物的行为之一。本罪属于选择性罪名，其中既有犯罪行为的选择，又有犯罪对象的选择，只要行为人针对枪支、弹药、爆炸物三种犯罪对象之一实施了非法制造、买卖、运输、邮寄或者储存行为之一的，即构成本罪。但是，如果行为人同时针对枪支、弹药、爆炸物三种犯罪对象实施了两种以上的行为的，也只能以本罪一罪论处。构成本罪的犯罪主体是一般主体，凡达到刑事责任年龄、具有刑事责任能力的自然人都可以成为本罪的主体。单位也可以成为本罪的主体。构成本罪在主观方面表现为故意，即明知是国家禁止非法制造、买卖、运输、邮寄、储存的枪支、弹药、爆炸物而故意非法制造、买卖、运输、邮寄、储存。如果因误解、无知或者被蒙骗等原因而实施了上述行为的，不能构成本罪。

2. 非法制造、买卖、运输、邮寄、储存枪支、弹药、爆炸物的具体表现有哪些?

非法制造、买卖、运输、邮寄、储存枪支、弹药、爆炸物，具体表现为非法制造、买卖、运输、邮寄、储存枪支、弹药、爆炸物的行为。

所谓“非法制造”，是指违反国家有关法规，未经有关部门批准，私自制造枪支、弹药、爆炸物的行为。制造包括制作、加工、组装、改装、拼装、修理等具体方式，无论采取哪一种方式进行制造，也无论是否制造成功，抑或是自用还是出售，只要实施了制造的行为，即构成本罪。

所谓“非法买卖”，是指违反法律规定，未经有关部门批准许可，私自购买或者出售枪支、弹药、爆炸物的行为。买卖，既包括以金钱货币作价的各种非法经营的交易行为，亦包括以物换取枪支、弹药、爆炸物的以物易物的交换行为，以及赊购等行为方式。无论其方式如何，只要属于买卖行为，即构成本罪。

所谓“非法运输”，是指违反法律规定，未经批准许可，私自在国境内从一个地方运到另一个地方的行为。既可以通过陆运、水运或空运，亦可以是随身携带，其方式的不同不影响行为的性质。

所谓“非法邮寄”，是指违反法律规定，私自通过邮局邮寄枪支、弹药、爆炸物的行为。既可以成批邮寄，亦可以夹在其他邮寄的仿品中邮寄。无论方式如何，只要属于非法，即可构成本罪。

所谓“非法储存”，是指违反国家有关规定，未经有关部门批准，私自收藏或存积枪支、弹药、爆炸物的行为。既可以藏在家中，又可以存在他处，如山洞中、他人家里等。不论地点如何，只要属于非法，就不影响本罪成立。

3. 非法制造、买卖、运输、邮寄、储存枪支、弹药、爆炸物案的立案标准是什么？

2009 年 11 月 16 日《最高人民法院关于审理非法制造、买卖、运输枪支、弹药、爆炸物等刑事案件具体应用法律若干问题的解释》第 1 条规定：“个人或者单位非法制造、买卖、运输、邮寄、储存枪支、弹药、爆炸物，具有下列情形之一的，依照刑法第一百二十五条第一款的规定，以非法制造、买卖、运输、邮寄、储存枪支、弹药、爆炸物罪定罪处罚：

（一）非法制造、买卖、运输、邮寄、储存军用枪支一支以上的；

（二）非法制造、买卖、运输、邮寄、储存以火药为动力发射枪弹的非军用枪支一支以上或者以压缩气体等为动力的其他非军用枪支二支以上的；

（三）非法制造、买卖、运输、邮寄、储存军用子弹十发以上、气枪铅弹五百发以上或者其他非军用子弹一百发以上的；

（四）非法制造、买卖、运输、邮寄、储存手榴弹一枚以上的；

（五）非法制造、买卖、运输、邮寄、储存爆炸装置的；

（六）非法制造、买卖、运输、邮寄、储存炸药、发射药、黑火药一千克以上或者烟火药三千克以上、雷管三十枚以上或者导火索、导爆索三十米以上的；

（七）具有生产爆炸物品资格的单位不按照规定的品种制造，或者具有销售、使用爆炸物品资格的单位超过限额买卖炸药、发射药、黑火药十千克以上或者烟火药三十千克以上、雷管三百枚以上或者导火索、导爆索三百米以上的；

（八）多次非法制造、买卖、运输、邮寄、储存弹药、爆炸物的；

（九）虽未达到上述最低数量标准，但具有造成严重后果等其他恶劣情节的。

介绍买卖枪支、弹药、爆炸物的，以买卖枪支、弹药、爆炸物罪的共犯论处。”

需要说明的是，所谓非法，在本罪中是指违反有关法律规定，未经有关部门批准私自进行的有关行为。如果经过有关部门许可，但是由于行为人采用欺骗、贿赂等非法手段而得以批准的，此时尽管形式合法，其实质仍属非法，一经查获的，亦应当以本罪的非法论处。

4. 对非法制造、买卖、运输、邮寄、储存枪支、弹药、爆炸物罪如何处罚？

犯非法制造、买卖、运输、邮寄、储存枪支、弹药、爆炸物罪的，单位犯罪的，对单位判处罚金，并对其直接负责的主管人员和其他直接责任人员，处 3 年以上 10 年以下有期徒刑；情节严重的，处 10 年以上有期徒刑、无期徒刑或者死刑。

【典型案例】

2008 年以来，曾某和曾某某在永兴县黄泥乡埠头村曾某的汽车修配厂内非法制造猎枪。2009 年，曾某以 1600 元的价格贩卖给许某某 1 支猎枪。因曾某与曾某某系堂兄弟关系，曾某未向曾某某收取猎枪 1 支的制作费及改装射钉枪的费用。经郴州市公安局鉴定，曾某某、许某某从曾某处订购和改装的 2 支猎枪和 1 支射钉枪具有杀伤力。案发后，公安机关从许某某处扣押了猎枪 1 支，从曾某某处扣押了猎枪 2 支、射钉枪 1 支，并追缴曾某的非法所得 10000 元。2010 年 9 月 25 日，湖南省永兴县人民法院依照刑法第 125 条第 1 款、第 25 条第 1 款、第 26 条第 1、4 款、第 64 条，《最高人民法院关于审理非法制造、买卖、运输枪支、弹药、爆炸物等刑事案件具体应用法律若干问题的解释》第1条第1款第（2）项和刑事诉讼法第162条第（1）项的规定，判处曾某犯非法制造、买卖枪支罪，判处有期徒刑5年；曾某某犯非法制造枪支罪，判处有期徒刑3年6个月；没收已被公安机关扣押的自制猎枪3支、射钉枪1支，予以销毁。

【专家评析】

非法制造、买卖、运输、邮寄、储存枪支、弹药、爆炸物罪，是指行为人违反国家有关枪支、弹药、爆炸物管理的法规，非法制造、买卖、运输、邮寄、储存枪支、弹药、爆炸物，危害公共安全的行为。本罪属于选择性罪名。行为人只要实施非法制造、买卖、运输、邮寄、储存枪支、弹药、爆炸物行为之一的，即可构成犯罪。如果非法制造枪支、弹药、爆炸物以后，又自己运输和贩卖的，只构成非法制造、运输、买卖枪支、弹药、爆炸物罪一罪，不实行数罪并罚。

本案中，曾某的汽车修配厂不具有生产枪支的合法手续，但曾某出于谋利目的，违反国家关于枪支专营的规章制度，非法制造具有杀伤力的猎枪，应当以非法制造枪支罪论处。此外，曾某还先后向许某某及曾某某分别出售了其非法制造的枪支，根据刑法第125条的规定，又构成非法买卖枪支罪。由于本罪是选择性罪名，行为人实施多个行为的，仍然定为一罪，而不数罪并罚。因此，应当追究曾某的非法制造、买卖枪支罪。曾某某与曾某出于共同的犯罪故意，实施了共同犯罪行为，与曾某构成非法制造枪支罪的共同犯罪。

【法条指引】

中华人民共和国刑法

第一百二十五条 非法制造、买卖、运输、邮寄、储存枪支、弹药、爆炸物的，处三年以上十年以下有期徒刑；情节严重的，处十年以上有期徒刑、无期徒刑或者死刑。

非法制造、买卖、运输、储存毒害性、放射性、传染病病原体等物质，危害公共安全的，依照前款的规定处罚。

单位犯前两款罪的，对单位判处罚金，并对其直接负责的主管人员和其他直接责任人员，依照第一款的规定处罚。

最高人民法院关于审理非法制造、买卖、运输枪支、弹药、爆炸物等刑事案件具体应用法律若干问题的解释

(2001 年 5 月 10 日最高人民法院审判委员会第 1174 次会议通过，根据 2009 年 11 月 9 日最高人民法院审判委员会第 1476 次会议通过的《最高人民法院关于修改〈最高人民法院关于审理非法制造、买卖、运输枪支、弹药、爆炸物等刑事案件具体应用法律若干问题的解释〉的决定》修正)

为依法严惩非法制造、买卖、运输枪支、弹药、爆炸物等犯罪活动，根据刑法有关规定，现就审理这类案件具体应用法律的若干问题解释如下：

第一条 个人或者单位非法制造、买卖、运输、邮寄、储存枪支、弹药、爆炸物，具有下列情形之一的，依照刑法第一百二十五条第一款的规定，以非法制造、买卖、运输、邮寄、储存枪支、弹药、爆炸物罪定罪处罚：

(一) 非法制造、买卖、运输、邮寄、储存军用枪支一支以上的；

(二) 非法制造、买卖、运输、邮寄、储存以火药为动力发射枪弹的非军用枪支一支以上或者以压缩气体等为动力的其他非军用枪支二支以上的；

(三) 非法制造、买卖、运输、邮寄、储存军用子弹十发以上、气枪铅弹五百发以上或者其他非军用子弹一百发以上的；

(四) 非法制造、买卖、运输、邮寄、储存手榴弹一枚以上的；

(五) 非法制造、买卖、运输、邮寄、储存爆炸装置的；

(六) 非法制造、买卖、运输、邮寄、储存炸药、发射药、黑火药一千克以上或者烟火药三千克以上、雷管三十枚以上或者导火索、导爆索三十米以上的；

（七）具有生产爆炸物品资格的单位不按照规定的品种制造，或者具有销售、使用爆炸物品资格的单位超过限额买卖炸药、发射药、黑火药十千克以上或者烟火药三十千克以上、雷管三百枚以上或者导火索、导爆索三百米以上的；

（八）多次非法制造、买卖、运输、邮寄、储存弹药、爆炸物的；

（九）虽未达到上述最低数量标准，但具有造成严重后果等其他恶劣情节的。

介绍买卖枪支、弹药、爆炸物的，以买卖枪支、弹药、爆炸物罪的共犯论处。

第二条 非法制造、买卖、运输、邮寄、储存枪支、弹药、爆炸物，具有下列情形之一的，属于刑法第一百二十五条第一款规定的"情节严重"：

（一）非法制造、买卖、运输、邮寄、储存枪支、弹药、爆炸物的数量达到本解释第一条第（一）、（二）、（三）、（六）、（七）项规定的最低数量标准五倍以上的；

（二）非法制造、买卖、运输、邮寄、储存手榴弹三枚以上的；

（三）非法制造、买卖、运输、邮寄、储存爆炸装置，危害严重的；

（四）达到本解释第一条规定的最低数量标准，并具有造成严重后果等其他恶劣情节的。

第三条 依法被指定或者确定的枪支制造、销售企业，实施刑法第一百二十六条规定的行为，具有下列情形之一的，以违规制造、销售枪支罪定罪处罚：

（一）违规制造枪支五支以上的；

（二）违规销售枪支二支以上的；

（三）虽未达到上述最低数量标准，但具有造成严重后果等其他恶劣情节的。

具有下列情形之一的，属于刑法第一百二十六条规定的"情节严重"：

（一）违规制造枪支二十支以上的；

（二）违规销售枪支十支以上的；

（三）达到本条第一款规定的最低数量标准，并具有造成严重后果等其他恶劣情节的。

具有下列情形之一的，属于刑法第一百二十六条规定的“情节特别严重”：

（一）违规制造枪支五十支以上的；

（二）违规销售枪支三十支以上的；

（三）达到本条第二款规定的最低数量标准，并具有造成严重后果等其他恶劣情节的。

第四条 盗窃、抢夺枪支、弹药、爆炸物，具有下列情形之一的，依照刑法第一百二十七条第一款的规定，以盗窃、抢夺枪支、弹药、爆炸物罪定罪处罚：

（一）盗窃、抢夺以火药为动力的发射枪弹非军用枪支一支以上或者以压缩气体等为动力的其他非军用枪支二支以上的；

（二）盗窃、抢夺军用子弹十发以上、气枪铅弹五百发以上或者其他非军用子弹一百发以上的；

（三）盗窃、抢夺爆炸装置的；

（四）盗窃、抢夺炸药、发射药、黑火药一千克以上或者烟火药三千克以上、雷管三十枚以上或者导火索、导爆索三十米以上的；

（五）虽未达到上述最低数量标准，但具有造成严重后果等其他恶劣情节的。

具有下列情形之一的，属于刑法第一百二十七条第一款规定的“情节严重”：

（一）盗窃、抢夺枪支、弹药、爆炸物的数量达到本条第一款规定的最低数量标准五倍以上的；

（二）盗窃、抢夺军用枪支的；

（三）盗窃、抢夺手榴弹的；

（四）盗窃、抢夺爆炸装置，危害严重的；

（五）达到本条第一款规定的最低数量标准，并具有造成严重后果等其他恶劣情节的。

第五条 具有下列情形之一的，依照刑法第一百二十八条第一款的规定，以非法持有、私藏枪支、弹药罪定罪处罚：

（一）非法持有、私藏军用枪支一支的；

（二）非法持有、私藏以火药为动力发射枪弹的非军用枪支一支或者以压缩气体等为动力的其他非军用枪支二支以上的；

（三）非法持有、私藏军用子弹二十发以上，气枪铅弹一千发以上或者其他非军用子弹二百发以上的；

（四）非法持有、私藏手榴弹一枚以上的；

（五）非法持有、私藏的弹药造成人员伤亡、财产损失的。

具有下列情形之一的，属于刑法第一百二十八条第一款规定的“情节严重”：

（一）非法持有、私藏军用枪支二支以上的；

（二）非法持有、私藏以火药为动力发射枪弹的非军用枪支二支以上或者以压缩气体等为动力的其他非军用枪支五支以上的；

（三）非法持有、私藏军用子弹一百发以上，气枪铅弹五千发以上或者其他非军用子弹一千发以上的；

（四）非法持有、私藏手榴弹三枚以上的；

（五）达到本条第一款规定的最低数量标准，并具有造成严重后果等其他恶劣情节的。

第六条 非法携带枪支、弹药、爆炸物进入公共场所或者公共交通工具，危及公共安全，具有下列情形之一的，属于刑法第一百三十条规定的“情节严重”：

（一）携带枪支或者手榴弹的；

（二）携带爆炸装置的；

（三）携带炸药、发射药、黑火药五百克以上或者烟火药一千克以上、雷管二十枚以上或者导火索、导爆索二十米以上的；

（四）携带的弹药、爆炸物在公共场所或者公共交通工具上发生爆炸或者燃烧，尚未造成严重后果的；

（五）具有其他严重情节的。

行为人非法携带本条第一款第（三）项规定的爆炸物进入公共场所或者公共交通工具，虽未达到上述数量标准，但拒不交出的，依照刑法第一百三十条的规定定罪处罚；携带的数量达到最低数量标准，能够主动、全部交出的，可不以犯罪论处。

第七条 非法制造、买卖、运输、邮寄、储存、盗窃、抢夺、持有、私藏、携带成套枪支散件的，以相应数量的枪支计；非成套枪支散件以每三十件为一成套枪支散件计。

第八条 刑法第一百二十五条第一款规定的“非法储存”，是指明知是他人非法制造、买卖、运输、邮寄的枪支、弹药而为其存放的行为，或者非法存放爆炸物的行为。

刑法第一百二十八条第一款规定的“非法持有”，是指不符合配备、配置枪支、弹药条件的人员，违反枪支管理法律、法规的规定，擅自持有枪支、弹药的行为。

刑法第一百二十八条第一款规定的“私藏”，是指依法配备、配置枪支、弹药的人员，在配备、配置枪支、弹药的条件消除后，违反枪支管理法律、法规的规定，私自藏匿所配备、配置的枪支、弹药且拒不交出的行为。

第九条 因筑路、建房、打井、整修宅基地和土地等正常生产、生活需要，或者因从事合法的生产经营活动而非法制造、买卖、运输、邮寄、储存爆炸物，数量达到本解释第一条规定标准，没有造成严重社会危害，并确有悔改表现的，可依法从轻处罚；情节轻微的，可以免除处罚。

具有前款情形，数量虽达到本解释第二条规定标准的，也可以不认定为刑法第一百二十五条第一款规定的“情节严重”。

在公共场所、居民区等人员集中区域非法制造、买卖、运输、邮寄、储存爆炸物，或者因非法制造、买卖、运输、邮寄、储存爆炸物三年内受到两次以上行政处罚又实施上述行为，数量达到本解释规定标准的，不适用前两款量刑的规定。

第十条 实施非法制造、买卖、运输、邮寄、储存、盗窃、抢夺、持有、私藏其他弹药、爆炸物品等行为，参照本解释有关条文规定的定罪量刑标准处罚。

▶ 二十七、非法制造、买卖、运输、储存危险物质罪

【宣讲要点】

1. 什么是非法制造、买卖、运输、储存危险物质罪？该罪的犯罪构成要件是什么？

非法制造、买卖、运输、储存危险物质罪，是指违反法律规定，非法制造、买卖、运输、储存毒害性、放射性、传染病病原体等物质，危害公共安全的行为。

本罪的构成要件是：侵犯的客体是国家对毒害性、放射性、传染病病原体等危险物质的管理制度。犯罪对象是毒害性、放射性、传染病病原体等危险物质。客观方面表现为非法制造、买卖、运输、储存危险物质，危害公共安全的行为。非法制造，是指违反法律规定，也未经国家有关主管部门批准或许可，私自制造危险物质的行为。非法买卖，是指违反法律规定私自出售或购买危险物质的行为。非法运输是指违反法律规定，运输危险物质的行为，运输方式和目的不影响本罪成立。非法储存，是指违反法律规定存放危险物质的行为。本罪是选择性罪名，按照法律规定，行为人只要实施了制造、买卖、运输、储存危险物质的一种行为，就构成本罪。实施两种或以上行为的，仍为本罪一罪，不实行并罚。犯罪主体为一般主体。单位可成为此罪主体。单位非法从事买卖、运输毒害性、放射性、传染病病原体等物质的活动，其主管人员和直接责任人员，应按本罪论处。

主观方面表现为故意，即明知是危险物质，违反法律规定或者国家有关的管理制度而非法制造、买卖、运输、储存。其动机则可能多种多样，有的为了营利，有的为了实施其他犯罪。不同的动机一般不影响定罪。

2. 非法制造、买卖、运输、储存危险物质的具体表现有哪些?

非法制造、买卖、运输、储存危险物质具体表现为，未经国家有关部门批准，非法制造、买卖、运输、储存毒害性、放射性、传染病病原体等物质，危害公共安全的行为。

“毒害性物质”，主要是指能对人或者动物产生毒害的有毒物质。范围广泛，包括化学性有毒物质、生物性有毒物质和微生物类有毒物质。其中，化学性有毒物质，也称人工合成有毒物质，如砒霜、鼠药、氰化物等；生物性有毒物质又可分为植物性有毒物质如野蘑菇，以及动物性有毒物质如河豚等；微生物类有毒物质如肉毒杆菌等。具体指哪些物质，在法律条文中没有详细列举。但掌握这一规定的基本原则就是这种毒害性物质足以能够造成公众人身受其毒害，或者使公众赖以生存的自然生态环境和条件受到毒害污染，或者由于毒害物质传播而影响社会等，从而造成对公共安全的破坏等情况。所谓“放射性物质”，主要是指铀、镭、钴等能对人或动物产生严重辐射危害的物质，包括可以产生裂变反应或聚合反应的核材料。所谓“传染病病原体”，主要是指可能导致传染病防治法规定的各种传染病传播的传染病菌种和毒种。根据我国传染病防治法规定，传染病分为甲、乙、丙三类。甲类传染病是指：鼠疫、霍乱。乙类传染病是指：病毒性肝炎、细菌性和阿米巴性痢疾、伤寒和副伤寒、艾滋病、淋病、梅毒、脊髓灰质炎、麻疹、百日咳、白喉、流行性脑脊髓膜炎、猩红热、流行性出血热、狂犬病、钩端螺旋体病、布鲁氏菌病、炭疽、流行性和地方性斑疹伤寒、流行性乙型脑炎、黑热病、疟疾、登革热。丙类传染病是指：肺结核、血吸虫病、丝虫病、包虫病、麻风病、流行性感冒、流行性腮腺炎、风疹、新生儿破伤风、急性出血结膜炎、除霍乱、痢疾、伤寒和副伤寒以外的感染性腹泻病。为了防止可能出现投放刑法规定的“毒害性、放射性、传染病病原体”以外的其他危害公共安全的物质的犯罪，刑法在具体列举“毒害性、传染性”物质后，采用了“等物质”的写法，为打击可能出现的这类犯罪留下了空间。

“非法制造”，表现为任何非经国家指定的科研、教学、生产单位制造上述物质的行为。“非法买卖”，表现为违反国家对毒害性、放射性、传染病病原体等物质的管制规定，未经国家有关部门批准，以金钱或者实物作价，擅自购买或销售毒害性、放射性、传染病病原体等物质。非法买卖毒害性、放射性、传染病病原体等物质具体有三种情况：一是没有经过国家有关部门的批准而擅自购买或销售毒害性、放射性、传染病病原体等物质；二是超出国家有关部门批准的种类而购买或销售毒害性、放射性、传染病病原体等物质；三是超出国家有关部门批准的数量购买或销售毒害性、放射性、传染病病原体等物质。买卖包括购买与销售两种行为，行为人只要实施了购买与销售两种行为之一的，即为非法买卖毒害性、放射性、传染病病原体等物质，并不要求行为人既实施了非法购买行为，又实施了非法销售行为，才成立非法买卖毒害性、放射性、传染病病原体等物质。非法买卖毒害性、放射性、传染病病原体等物质，既有以金钱为交换条件的非法买卖，也有以实物为交换条件的买卖；既有个人之间的非法买卖，也有单位之间的非法买卖；还有单位与个人之间的非法买卖。“非法运输”，表现为未经国家批准或指定的单位，或不具有运输这类物质资格的单位和个人，从事运输上述物质的行为。具体而言，就是没有资格从事运输这类物质的单位和个人从事了运输这类物质的行为，即擅自将毒害性、放射性、传染病病原体等物质从此地运往彼地，使毒害性、放射性、传染病病原体等物质在空间上发生转移的行为。从运输形式来看，有陆运、水运、空运等。由于毒害性、放射性、传染病病原体等物质是一种危险物质，因而对毒害性、放射性、传染病病原体等物质的运输有严格的技术要求，故一般不可能采取肩挑背扛、随身携带的方式非法运输毒害性、放射性、传染病病原体等物质。从运输的空间范围来看，必须是在我国境内非法运输，不包括非法运输上述物品出入国（边）境的行为。

“非法储存”，表现为违反国家有关规定，未经有关部门批准，私自收藏或存积毒害性、放射性、传染病病原体等物质的行为。既可以藏在家中，又可以存在他处，如山洞中、他人家里等。不论地点如何，只要属于非法，就不影响本罪成立。

3. 非法制造、买卖、运输、储存危险物质案的立案标准是什么？

《最高人民检察院、公安部关于公安机关管辖的刑事案件立案追诉标准的规定（一）》第 2 条规定：“非法制造、买卖、运输、储存毒害性、放射性、传染病病原体等物质，危害公共安全，涉嫌下列情形之一的，应予立案追诉：

（一）造成人员重伤或者死亡的；

（二）造成直接经济损失十万元以上的；

（三）非法制造、买卖、运输、储存毒鼠强、氟乙酰胺、氟乙酰钠、毒鼠硅、甘氟原粉、原液、制剂五十克以上，或者饵料二千克以上的；

（四）造成急性中毒、放射性疾病或者造成传染病流行、暴发的；

（五）造成严重环境污染的；

（六）造成毒害性、放射性、传染病病原体等危险物质丢失、被盗、被抢或者被他人利用进行违法犯罪活动的；

（七）其他危害公共安全的情形。”

在司法实践中，还要注意的是，所谓非法，在本罪中是指违反有关法律规定，未经有关部门批准私自进行的有关行为。如果经过有关部门许可，但是由于行为人采用欺骗、贿赂等非法手段而得以批准的，此时尽管形式合法，其实质仍属非法，一经查获的，亦应当以本罪的“非法”论处。

4. 对非法制造、买卖、运输、储存危险物质罪如何处罚？

犯非法制造、买卖、运输、储存危险物质罪的，处 3 年以上 10 年以下有期徒刑；情节严重的，处 10 年以上有期徒刑、无期徒刑或者死刑。单位犯罪的，对单位判处罚金，并对其直接负责的主管人员和其他直接责任人员，处 3 年以上 10 年以下有期徒刑；情节严重的，处 10 年以上有期徒刑、无期徒刑或者死刑。

非法制造、买卖、运输、储存危险物质罪属于选择性罪名。行为人只要实施非法制造、买卖、运输、邮寄、储存毒害性、放射性、传染病病原体等物质行为之一的，即可构成犯罪。如果非法制造毒害性、放射性、传染病病原体等物质以后，又自己运输和贩卖的，只构成非法制造、运输、买卖毒害性、放射性、传染病病原体等物质罪一罪，不实行数罪并罚。

5. 为灭鼠而非法少量制造毒药的行为如何处罚？

根据刑法第 125 条第 2 款的规定，非法制造、买卖、运输、储存危险物质构成犯罪，没有情节严重的要求。但这并不是说，一经实施非法买卖、运输、储存危险物质的行为，就无例外地构成犯罪，对于情节显著轻微的非法买卖、运输、储存危险物质的行为，不宜按犯罪论处。认定非法制造、买卖、运输、储存危险物质是否构成本罪，关键是要查明该行为是否危害公共安全。这是因为，有的毒害性物质涉及范围很广，如日常生活中民间使用相当广泛的毒鼠强等。实践中，未经批准少量制造用以灭鼠虽属非法，但不一定危害公共安全。其中，情节显著轻微危害不大的，可适用刑法第 13 条的规定，不以犯罪处理。

6. 如何区分本罪与危险物品肇事罪、传染病菌种、毒种扩散罪？

本罪与危险物品肇事罪、传染病菌种、毒种扩散罪的主要区别在于犯罪主体和主观方面不同。本罪的主体是依照国家规定不具备制造、买卖、运输、储存上述物质资格的自然人或者单位，主观上表现为故意。危险物品肇事罪、传染病菌种、毒种扩散罪的主体是依照国家规定取得制造、买卖、运输、储存毒害性、放射性、传染病病原体等物质资格的人或单位，主观上表现为过失犯罪。如医疗、科研教学和生产厂家，如果在生产、储存、运输、使用中违反管理规定，发生重大事故造成严重后果，不构成非法制造、买卖、运输、储存毒害性、放射性、传染病病原体等物质罪，而应依照刑法第 136 条危险物品肇事罪、第 331 条传染病菌种、毒种扩散罪追究刑事责任。

7. 如何区分本罪与走私毒害性、放射性、传染病病原体等物质罪？

走私毒害性、放射性、传染病病原体等物质罪是指违反海关法规，逃避海关监管，非法运输、携带、邮寄毒害性、放射性、传染病病原体等物质进出国（边）境的行为。两者在客观行为方式及行为对象上有相似之处，但也有明显区别：

（1）侵犯的客体不同。本罪侵犯的客体是公共安全和国家对毒害性、放射性、传染病病原体等物质罪的管理制度；走私毒害性、放射性、传染病病原体等物质罪侵犯的客体是国家对毒害性、放射性、传染病病原体等物质的对外贸易管制。

（2）客观方面不同。本罪表现为非法制造、买卖、运输、邮寄、储存毒害性、放射性、传染病病原体等物质的行为，其中的买卖、运输、邮寄必须是在境内非法买卖、运输、邮寄上述物品；走私毒害性、放射性、传染病病原体等物质罪在客观方面表现为违反海关法规，逃避海关监管，运输、携带毒害性、放射性、传染病病原体等物质出国（边）境的行为。为走私而违反我国的对外贸易管制，逃避海关监管或边防检查，非法运输毒害性、放射性、传染病病原体等物质进出国（边）境的，则构成走私毒害性、放射性、传染病病原体等物质罪。

（3）主观故意不同。如果明知是走私进口的毒害性、放射性、传染病病原体等物质而直接向走私人购买，或者明知是走私人购买毒害性、放射性、传染病病原体等物质进行走私出口而卖给走私人毒害性、放射性、传染病病原体等物质，或者在内海、领海收购、贩卖毒害性、放射性、传染病病原体等物质，没有合法证明的，则不构成本罪，应以走私毒害性、放射性、传染病病原体等物质罪论处。

【典型案例】

赵某于2006年8月初在湖北省仙桃市从他人处购买了1500克价值人民币共180元的特级424原装杀鼠粉、500克价值人民币25元的白色透明晶体状调配剂及包装袋等物品带至广东省开平市沙塘镇裕华路3号出租屋内，将之调制成散装鼠药后进行销售。同年9月12日12时许，开平市公安局联合其他部门在赵某出租屋查获特级424杀鼠粉1300克、“一步亡”鼠药1350克、“闻到死”鼠药4500克、“杀无敌”鼠药2700克。经法医鉴定，上述粉末均检出毒鼠强成分。法院依照刑法第125条第2款、第56条第1款和《最高人民法院、最高人民检察院关于办理非法制造、买卖、运输、储存毒鼠强等禁用剧毒化学品刑事案件具体应用法律若干问题的解释》第2条第（1）项的规定，判决：赵某犯非法买卖、储存危险物质罪，判处有期徒刑10年，剥夺政治权利2年。

【法条指引】

中华人民共和国刑法

第一百二十五条 非法制造、买卖、运输、邮寄、储存枪支、弹药、爆炸物的，处三年以上十年以下有期徒刑；情节严重的，处十年以上有期徒刑、无期徒刑或者死刑。

非法制造、买卖、运输、储存毒害性、放射性、传染病病原体等物质，危害公共安全的，依照前款的规定处罚。

单位犯前两款罪的，对单位判处罚金，并对其直接负责的主管人员和其他直接责任人员，依照第一款的规定处罚。

最高人民法院、最高人民检察院关于办理非法制造、买卖、运输、储存毒鼠强等禁用剧毒化学品刑事案件具体应用法律若干问题的解释

为依法惩治非法制造、买卖、运输、储存毒鼠强等禁用剧毒化学品的犯罪活动，维护公共安全，根据刑法有关规定，现就办理这类刑事案件具体应用法律的若干问题解释如下：

第一条 非法制造、买卖、运输、储存毒鼠强等禁用剧毒化学品，危害公共安全，具有下列情形之一的，依照刑法第一百二十五条的规定，以非法制造、买卖、运输、储存危险物质罪，处三年以上十年以下有期徒刑：

（一）非法制造、买卖、运输、储存原粉、原液、制剂50克以上，或者饵料2千克以上的；

（二）在非法制造、买卖、运输、储存过程中致人重伤、死亡或者造成公私财产损失10万元以上的。

第二条 非法制造、买卖、运输、储存毒鼠强等禁用剧毒化学品，具有下列情形之一的，属于刑法第一百二十五条规定的"情节严重"，处十年以上有期徒刑、无期徒刑或者死刑：

（一）非法制造、买卖、运输、储存原粉、原液、制剂500克以上，或者饵料20千克以上的；

（二）在非法制造、买卖、运输、储存过程中致3人以上重伤、死亡，或者造成公私财产损失20万元以上的；

（三）非法制造、买卖、运输、储存原粉、原药、制剂50克以上不满500克，或者饵料2千克以上不满20千克，并具有其他严重情节的。

第三条 单位非法制造、买卖、运输、储存毒鼠强等禁用剧毒化学品的，依照本解释第一条、第二条规定的定罪量刑标准执行。

第四条 对非法制造、买卖、运输、储存毒鼠强等禁用剧毒化学品行为负有查处职责的国家机关工作人员，滥用职权或者玩忽职守，致使公共财产、国家和人民利益遭受重大损失的，依照刑法第三百九十七条的规定，以滥用职权罪或者玩忽职守罪追究刑事责任。

第五条 本解释施行以前，确因生产、生活需要而非法制造、买卖、运输、储存毒鼠强等禁用剧毒化学品饵料自用，没有造成严重社会危害的，可以依照刑法第十三条的规定，不作为犯罪处理。

本解释施行以后，确因生产、生活需要而非法制造、买卖、运输、储存毒鼠强等禁用剧毒化学品饵料自用，构成犯罪，但没有造成严重社会危害，经教育确有悔改表现的，可以依法从轻、减轻或者免除处罚。

第六条 本解释所称“毒鼠强等禁用剧毒化学品”，是指国家明令禁止的毒鼠强、氟乙酰胺、氟乙酸钠、毒鼠硅、甘氟。

▶ 二十八、违规制造、销售枪支罪

【宣讲要点】

1. 什么是违规制造、销售枪支罪？该罪的犯罪构成要件是什么？

违规制造、销售枪支罪，是指依法被指定、确定的枪支制造、销售企业，违反枪支管理规定，擅自制造、销售枪支的行为。

本罪的构成要件是：侵犯的客体是国家对枪支的管理制度。犯罪对象为枪支。客观方面表现为违反枪支管理的法律、法规的规定，制造、销售枪支的行为，主要表现有以下 3 种情况：一是以非法销售为目的，超过限额或者不按照规定的品种制造、配售枪支；二是以非法销售为目的，制造无号、重号、假号的枪支；三是非法销售枪支或者在境内销售为出口制造的枪支。犯罪主体是特殊主体，即依法被指定、确定的枪支制造企业、销售企业。主观方面表现为故意。对违规制造枪支的要求具备非法销售的法定目的。

2. 违规制造、销售枪支的具体表现有哪些?

违规制造、销售枪支具体有以下几种表现方式:

(1) 超过限额制造枪支。“超过限额”是指超过国家有关主管部门下达的制造或销售枪支的年数量指标或任务。

(2) 超过限额销售枪支。“销售”除包含销售的意思外,还包括配备的意思,即应在国家有关部门指定的范围向特定的对象进行销售。

(3) 不按照规定的品种制造枪支,即不按照国家规定的技术标准,擅自改变枪支的性能、结构进行制造。

(4) 不按照规定的品种销售枪支,即不按照配购证件载明的品种、型号和数量进行销售。

(5) 制造无号枪支,即不在枪支指定部位铸印制造厂的厂名、枪种代码和国务院公安部门统一编制的枪支序号。

(6) 制造重号枪支编制的同一枪支序号铸印在两支或多支枪支上,换言之就是两支或多支枪支使用同一序号。

(7) 制造假号枪支,即在枪支上使用国务院公安部门根本没有下达的序号。

(8) 非法销售枪支,即违反法律规定,擅自销售枪支。

(9) 在境内销售为出口制造的枪支。

3. 违规制造、销售枪支案的立案标准是什么?

依法被指定、确定的枪支制造企业、销售企业,违反枪支管理规定,以非法销售为目的,超过限额或者不按照规定的品种制造、配售枪支,或者以非法销售为目的,制造无号、重号、假号的枪支,或者非法销售枪支或者在境内销售为出口制造的枪支,涉嫌下列情形之一的,应予立案追诉:(1) 违规制造枪支5支以上的;(2) 违规销售枪支2支以上的;(3) 虽未达到上述数量标准,但具有造成严重后果等其他恶劣情节的。

所谓“枪支”,包括枪支散件。成套枪支散件,以相应数量的枪支计;非成套枪支散件,以每30件为一成套枪支散件计。

4. 对违规制造、销售枪支罪如何处罚？

犯违规制造、销售枪支罪的，处5年以下有期徒刑；情节严重的，处5年以上10年以下有期徒刑；情节特别严重的，处10年以上有期徒刑或者无期徒刑。

5. 如何区分本罪与非法制造、买卖枪支罪？

（1）犯罪主体不同。非法制造、买卖枪支罪的犯罪主体是一般主体，且包括自然人和单位；违规制造、销售枪支罪的犯罪主体为特殊主体，只能由依法被国家指定、确定的制造、销售枪支的企业构成。

（2）客观表现不同。非法制造、买卖枪支罪表现为未经批准擅自制造、购买或者出售枪支的行为，即行为人本无制枪和售枪资格；违规制造、销售枪支罪表现为行为人本具有制枪、售枪资格，只是未按规定的数量、品种、型号等要求制造、销售枪支的行为。

（3）主观方面不同。非法制造、买卖枪支罪只要求是故意，不要求以出售为目的；违规制造、销售枪支罪要求必须以非法销售为目的。

【典型案例】

唐某在上网查询时发现无锡机械有限公司是专业制造气动枪支的外销单位，但是一打听，才知道该公司在国内只销售给具有外贸进出口权和国防科工委颁发的军品出口许可证的公司。随后他将目光转移到了女友工作的一家香港公司。从女友的口中，他详细了解到这家香港公司的基本情况和运作程序，然后伪造了该公司的公章、外贸订单等物，冒充该公司的业务经理，谎称具有外贸进出口权，可以为该公司进入意大利市场提供帮助，骗取了该公司分厂厂长夏某的信任。糊涂的夏某在唐某未提供外贸进出口权和国防科工委颁发的军品出口许可证的情况下，批准销售给唐某三种型号18支成品气动枪，每支枪的价格是1000多元。有了枪支来源，唐某、牛某便开始在网上大肆贩卖气动枪支。法院经审理，判处无锡机械有限公司二分厂犯违规销售枪支罪，判处罚金人民币2万元。被告人夏某犯违规销售枪支罪，判处有期徒刑3年，缓刑4年。被告人唐某犯非法买卖、运输枪支罪，判处有期徒刑11年。被告人牛某犯非法买卖、运输枪支罪，判处有期徒刑3年6个月。

【专家评析】

本案中涉及两个罪名的认定，即非法买卖枪支罪和违规制造、销售枪支罪。

非法买卖枪支罪的犯罪主体可以是自然人，也可以是单位。行为对象是枪支，包括军用的手枪、步枪、冲锋枪、机枪以及射击运动用的各种枪支，还有各种民用的狩猎用枪等。客观方面表现为“非法买卖”，既包括违反法律、法规，也包括违反国家有关部门发布的规章、通告等规范性文件，而从事购买或者出售枪支的行为。

违规制造、销售枪支罪的犯罪主体只能是单位，即依法被指定、确定的枪支制造企业、销售企业。枪支是涉及国家安全、公共安全的特殊物品，国家对枪支的制造、销售等实行严格的管制，枪支管理法明确规定，国家对枪支的制造、配售实行特别许可证制度。未经许可，任何单位或者个人不得制造、买卖枪支，只有经国家专门指定或确定的企业才能从事枪支的制造或销售。行为人违反枪支管理规定，实施了以下三种行为中的一种，才能构成违规制造、销售枪支罪：（1）以非法销售为目的，超过限额或者不按规定的品种制造、配售枪支的；（2）以非法销售为目的，制造无号、重号、假号的枪支的；（3）非法销售枪支或者在境内销售为出口制造的枪支。

本案中，唐某通过伪造香港某公司的公章、外贸订单等物，冒充该公司的业务经理，谎称具有外贸进出口权及其他事由，骗取了无锡机械有限公司二分厂厂长夏某的信任，并以每支枪1000多元的价格，向该厂购买了3种型号共计18支成品气动枪。而后，唐某又将购得的枪支在网上大肆贩卖，其购买和贩卖枪支的行为显然构成非法买卖枪支罪。

而无锡机械有限公司二分厂是专业制造气动枪支的外销单位，属于依法被指定、确定的枪支制造企业、销售企业。但是，由于该厂是枪支的外销单位，依法不得在境内销售枪支。厂长夏某在唐某未提供外贸进出口权和国防科工委颁发的军品出口许可证的情况下，擅自批准销售给唐某3种型号18支成品气动枪的行为，应当依法以违规销售枪支罪论处。根据刑法第126条的规定，构成违规销售枪支罪实行双罚制，即应当对无锡机械有限公司二分厂判处罚金，并对其直接负责的厂长夏某判处5年以下有期徒刑。

【法条指引】

中华人民共和国刑法

第一百二十六条 依法被指定、确定的枪支制造企业、销售企业，违反枪支管理规定，有下列行为之一的，对单位判处罚金，并对其直接负责的主管人员和其他直接责任人员，处五年以下有期徒刑；情节严重的，处五年以上十年以下有期徒刑；情节特别严重的，处十年以上有期徒刑或者无期徒刑：

（一）以非法销售为目的，超过限额或者不按照规定的品种制造、配售枪支的；

（二）以非法销售为目的，制造无号、重号、假号的枪支的；

（三）非法销售枪支或者在境内销售为出口制造的枪支的。

▶ 二十九、盗窃、抢夺枪支、弹药、爆炸物、危险物质罪

【宣讲要点】

1. 什么是盗窃、抢夺枪支、弹药、爆炸物、危险物质罪？该罪的犯罪构成要件是什么？

盗窃、抢夺枪支、弹药、爆炸物、危险物质罪，是指个人或合伙盗窃、抢夺枪支、弹药、爆炸物等危险物质的行为。

本罪的构成要件是：侵犯的客体是公共安全，即不特定多数人的生命、健康和财产安全。犯罪对象为枪支、弹药、爆炸物和危险物质。我国1996年颁发的枪支管理法规定，枪支是指以火药或者压缩气体等为动力，利用管状器具发射金属弹丸或者其他物质，足以致人伤亡或者丧失知觉的

各种枪支。弹药，是指上述枪支所用的弹药。关于爆炸物的范围，法律无明文规定，一般认为包括军用爆炸物和民用爆炸物。在客观方面，本罪表现为盗窃、抢夺枪支、弹药、爆炸物和危险物质的行为。犯罪主体是一般主体，即达到法定刑事责任年龄、具有刑事责任能力的自然人，都可以构成。在主观方面表现为故意，即明知是枪支、弹药、爆炸物、危险物质而故意窃取、夺取。如果不知是枪支、弹药、爆炸物、危险物质而窃取、夺取的，如出于非法占有财物的目的行窃，盗窃了枪支、弹药、爆炸物、危险物质的，不构成本罪。行为人如果将无意中窃取的枪支、弹药、爆炸物、危险物质隐匿不交，则构成私藏枪支、弹药、爆炸物罪。至于行为人出于何种动机窃取、抢夺枪支、弹药、爆炸物、危险物质，一般不影响犯罪的成立，只是可能影响行为人的刑事责任。

2. 盗窃、抢夺枪支、弹药、爆炸物、危险物质的具体表现有哪些？

盗窃枪支、弹药、爆炸物、危险物质，主要表现为秘密窃取各种枪支、弹药、爆炸物及危险物质的行为，即行为人采取自认为不使枪支、弹药、爆炸物、危险物质的所有者、保管者发觉的方法，暗中将枪支、弹药、爆炸物、危险物质取走。

抢夺枪支、弹药、爆炸物、危险物质，主要表现为公然夺取枪支、弹药、爆炸物、危险物质的行为，即在枪支、弹药、爆炸物、危险物质的所有者或保管者在场的情况下，突然公开将枪支、弹药、爆炸物、危险物质夺走。抢夺枪支、弹药、爆炸物、危险物质的行为一般是乘人不备、出其不意，将枪支、弹药、爆炸物、危险物质抢走，也有的表现为当着枪支、弹药、爆炸物、危险物质所有者、保管者的面，在其防卫能力减弱如患病、醉酒的情况下，公开取走枪支、弹药、爆炸物、危险物质。

3. 盗窃、抢夺枪支、弹药、爆炸物、危险物质罪案的立案追诉标准是什么？

根据最高人民法院2001年5月15日公布的《关于审理非法制造、买卖、运输枪支、弹药、爆炸物等刑事案件具体应用法律若干问题的解释》第4条第1款的规定，盗窃、抢夺枪支、弹药、爆炸物，具有下列情形之一的，依照刑法第127条第1款的规定，以盗窃、抢夺枪支、弹药、爆炸物罪定罪处罚：（1）盗窃、抢夺以火药为动力的发射枪弹非军用枪支1支以上或者以压缩气体等为动力的其他非军用枪支2支以上的；（2）盗窃、抢夺军用子弹10发以上、气枪铅弹500发以上或者其他非军用子弹100发以上的；（3）盗窃、抢夺爆炸装置的；（4）盗窃、抢夺炸药、发射药、黑火药1千克以上或者烟火药3千克以上、雷管30枚以上或者导火索、导爆索30米以上的；（5）虽未达到上述最低数量标准，但具有造成严重后果等其他恶劣情节的。对于具有上述情形之一的，应当立案追究。

4. 对盗窃、抢夺枪支、弹药、爆炸物、危险物质罪的法律规定如何处罚？

犯盗窃、抢夺枪支、弹药、爆炸物、危险物质罪的，处3年以上10年以下有期徒刑；情节严重的，处10年以上有期徒刑、无期徒刑或者死刑。

5. 如何区分本罪与盗窃罪、抢夺罪？

盗窃、抢夺枪支、弹药、爆炸物、危险物质罪与盗窃罪的区别：一是犯罪客体不同。前者侵犯的主要是公共安全，后者侵犯的主要是财产所有权。二是犯罪对象不同。作为前者犯罪对象的枪支、弹药、爆炸物、危险物质是国家严格控制管理的危险物品，不是一般商品、财物，而后者的犯罪对象泛指一切公私财物。

【典型案例】

2005年8月4日7时许，佛山市顺德区公安局陈村镇派出所巡警中队民警（下称民警）曾某与治安员林某着便衣预伏时，发现周某与黄某（另案处理）有抢夺他人财物的嫌疑，便驾驶摩托车跟踪周某与黄某至佛山市顺德区陈村镇南涌大明铝材厂附近路段，准备利用周某与黄某过马路的时机将周某与黄某制伏。民警曾某在表明自己是警察的身份后，迅速掏出手枪，喝令周某坐在地上，但周某反抗，并伸出双手抓住民警曾某手中枪支的枪管部分用力往自己怀里拉，企图抢夺枪支，因民警曾某的奋力阻止而使周某未能得逞。后民警在群众的协助下将周某抓获。法院判处周某犯抢夺枪支罪（未遂），判处有期徒刑4年。

【专家评析】

本罪的争议焦点是周某在民警表明自己警察身份的情况下，仍继续反抗，并抢夺民警手中的枪支，其行为同时具备妨害公务罪和抢夺枪支罪的主客观特征，应当以何罪进行处罚？或者实行数罪并罚？

妨害公务罪，是指以暴力、威胁方法阻碍国家机关工作人员依法执行职务的行为。这里的“暴力”，是指对国家机关工作人员的身体实行打击或者强制，如捆绑、殴打、伤害；“威胁”，是指以杀害、伤害、毁坏财产、损坏名誉等相威胁。构成本罪，行为人必须是采取暴力、威胁的方法，如果行为人没有实施暴力、威胁的阻碍行为，只是吵闹、谩骂、不服管理等，不构成犯罪，可以依法进行治安管理处罚。“阻碍国家机关工作人员依法执行职务”，是指以暴力、威胁方法阻挠、妨碍国家机关工作人员依照法律规定执行自己的职务，致使依法执行职务的活动无法正常进行。本案中，民警发现周某等人具有抢夺犯罪的嫌疑，故有权对其采取查问、制伏等公务行为。但周某拒不服从民警的命令，不仅继续反抗，而且抢夺民警手中的枪支，其行为属于刑法第277条规定的“以暴力、威胁方法阻碍国家机关工作人员依法执行职务”，依法构成妨害公务罪。

抢劫枪支、弹药、爆炸物或者盗窃、抢夺国家机关、军警人员、民兵的枪支、弹药、爆炸物的，处10年以上有期徒刑、无期徒刑或者死刑。本案中，民警在表明自己是警察的身份后，迅速掏出手枪，喝令周某坐在地上，但周某反抗，并伸出双手抓住民警曾某手中枪支的枪管部分用力往自己怀里拉，企图抢夺枪支，但终因民警曾某的奋力阻止而使周某未能得逞。其抢夺枪支的行为又构成抢夺枪支罪。

所谓想象竞合犯，是指一个行为同时触犯数个罪名的犯罪形态。即使符合数个犯罪构成，但行为人客观上只实施了一个行为，只能一次充足某一法定犯罪构成，而不能多次充足犯罪构成，因而只能成立一罪，属于实质的一罪，处断原则为择一重罪处罚。综观本案，周某抢夺枪支的行为，同时符合妨害公务罪和抢夺枪支罪，符合想象竞合犯的特征，故应当择一重罪处断。相比而言，对于抢夺民警枪支的犯罪行为，抢夺枪支罪规定处

10 年以上有期徒刑、无期徒刑或死刑；妨害公务罪一般则处 3 年以下有期徒刑、拘役、管制或者罚金。显然，对周某应定抢夺枪支罪。但是，考虑到其抢夺枪支未遂，尚未造成严重危害后果，故可以按照既遂标准从轻、减轻处罚。

【法条指引】

中华人民共和国刑法

第一百二十七条 盗窃、抢夺枪支、弹药、爆炸物的，或者盗窃、抢夺毒害性、放射性、传染病病原体等物质，危害公共安全的，处三年以上十年以下有期徒刑；情节严重的，处十年以上有期徒刑、无期徒刑或者死刑。

抢劫枪支、弹药、爆炸物的，或者抢劫毒害性、放射性、传染病病原体等物质，危害公共安全的，或者盗窃、抢夺国家机关、军警人员、民兵的枪支、弹药、爆炸物的，处十年以上有期徒刑、无期徒刑或者死刑。

▶ 三十、非法持有、私藏枪支、弹药罪

【宣讲要点】

1. 什么是非法持有、私藏枪支、弹药罪？该罪的犯罪构成要件是什么？

非法持有、私藏枪支、弹药罪，是指违反法律规定，持有、私藏枪支、弹药的行为。

本罪的构成要件是：侵犯的客体是国家对枪支、弹药的管理制度。犯罪对象为枪支、弹药。客观方面表现为违反枪支、弹药管理的法律、法规的规定，持有、私藏枪支、弹药的行为。本罪属于行为犯，只要行为人实施了刑法第 128 条第 1 款规定的行为，即构成本罪。犯罪主体是一般主体，即凡年满 16 周岁、具有刑事责任能力的自然人。主观方面表现为故意，即

明知不能私自持有、藏匿枪支、弹药，而持有、私藏。

2. 非法持有、私藏枪支、弹药的具体表现有哪些?

非法持有、私藏枪支、弹药具体表现为违反枪支管理规定，未依法取得相关证件而持有、携带枪支、弹药，或者虽有证件但将枪支、弹药携带出依法规定场所，或者在禁止携带枪支、弹药的区域、场所携带枪支、弹药的行为。枪支、弹药无论是他人赠予的，还是拾来的，或者是曾经给自己合法配置、以后应交未交的，只要是未经合法批准而私自持有、隐藏，都属于非法持有或私藏。

3. 非法持有、私藏枪支、弹药案的立案标准是什么?

违反枪支管理规定，非法持有、私藏枪支、弹药，涉嫌下列情形之一的，应予立案追诉：（1）非法持有、私藏军用枪支1支以上的；（2）非法持有、私藏以火药为动力发射枪弹的非军用枪支1支以上，或者以压缩气体等为动力的其他非军用枪支2支以上的；（3）非法持有、私藏军用子弹20发以上、气枪铅弹1000发以上或者其他非军用子弹200发以上的；（4）非法持有、私藏手榴弹、炸弹、地雷、手雷等具有杀伤性弹药1枚以上的；（5）非法持有、私藏的弹药造成人员伤亡、财产损失的。

所谓“非法持有”，是指不符合配备、配置枪支、弹药条件的人员，擅自持有枪支、弹药的行为；“私藏”，是指依法配备、配置枪支、弹药的人员，在配备、配置枪支、弹药的条件消除后，私自藏匿所配备、配置的枪支、弹药且拒不交出的行为。

4. 对非法持有、私藏枪支、弹药罪如何处罚?

犯非法持有、私藏枪支、弹药罪的，处3年以下有期徒刑、拘役或者管制；情节严重的，处3年以上7年以下有期徒刑。

5. 如何准确认定非法持有、私藏枪支、弹药罪?

非法持有、私藏枪支、弹药罪是危害公共安全的犯罪，故立法上没有规定数额、情节的限制。但是，根据刑法第13条的规定，情节显著轻微危害不大的，则不应认为是犯罪，可以依照其他有关规定处理。比如，猎户没有按照规定及时领取配备猎枪许可证。经指明后，补领许可证的，就不宜按犯罪处理。

另外，在区分罪与非罪时，要注意以下两种情况：一是要把非法持有枪支、弹药罪与未携带持枪证件而携带依法配备、配置枪支、弹药的行为区别开来。后者显然也违反了枪支管理规定，根据《中华人民共和国枪支管理法》第25条的规定，对未携带持枪证件的行为，由公安机关扣留其枪支、弹药，而不能认定为本罪；二是要把本罪与在禁止携带枪支、弹药的区域、场所携带依法配备、配置的枪支、弹药的行为区别开来。后者根据《中华人民共和国枪支管理法》第44条的规定，应由公安机关对个人或者单位负有直接责任的主管人员或其他责任人员处以警告或者15日以下拘留，并没收其枪支、弹药，可以并处5000元以下罚款，但不构成犯罪。

6. 如何区分本罪与盗窃、抢夺枪支、弹药、爆炸物罪？

（1）犯罪对象不尽相同。本罪的犯罪对象是枪支、弹药，不包括爆炸物；盗窃、抢夺枪支、弹药、爆炸物罪的犯罪对象包括枪支、弹药、爆炸物在内。

（2）客观方面的行为方式不同。本罪表现为非法持有、私藏枪支、弹药的行为；盗窃、抢夺枪支、弹药、爆炸物罪表现为盗窃、抢夺枪支、弹药、爆炸物的行为。

【典型案例】

2010年5月间，被告人刘某将他人寄存保管的仿“六·四”式手枪1把及国产“六·四”式手枪子弹4发分别藏匿于秘密地点。同年9月8日凌晨，被告人刘某持该手枪及子弹窜到某地欲与蔡某等人打架时，被公安机关当场抓获并扣押仿“六·四”式手枪1把及子弹3发（已使用1发）。公诉机关以被告人刘某犯非法持有、私藏枪支罪，向法院提起公诉。法院经公开审理认为：被告人刘某违反枪支管理规定，非法持有枪支，其行为已构成非法持有枪支罪。被告人刘某不是依法具有配备枪支资格的人员，亦不具有私自藏匿枪支后拒不交出的行为，不符合私藏枪支罪的构成要件。因此，公诉机关指控被告人刘某构成私藏枪支罪的指控不当，应予纠正。法院依照刑法第128条第1款、第64条及《最高人民法院关于审理非法制造、买卖、运输枪支、弹药、爆炸物等刑事案件具体应用法律若干问题的解释》第8条第2款的规定，判决：被告人刘某犯非法持有枪支罪，判处有期徒刑2年3个月；扣押在案仿“六·四”式手枪1把、弹匣1个、子弹3发等违禁工具予以没收。

【专家评析】

本案的争议焦点在于被告人刘某的行为应当认定为非法持有枪支罪，还是非法持有、私藏枪支罪。

刑法第128条第1款规定的非法持有、私藏枪支罪，是指违反法律规定，持有、私藏枪支的行为。本罪属于可选择性罪名。就非法持有枪支罪与私藏枪支罪而言，两种罪名既有相同点又有区别。相同之处在于：(1) 两者都是违反枪支管理法律、法规的行为；(2) 行为人都是没有资格配备、配置枪支的人员；(3) 行为人都持有枪支。区别主要体现在犯罪主体资格不同。《最高人民法院关于审理非法制造、买卖、运输枪支、弹药、爆炸物等刑事案件具体应用法律若干问题的解释》中明确指出：“非法持有”，是指不符合配备、配置枪支、弹药条件的人员，违反枪支管理法律、法规的规定，擅自持有枪支的行为。“私藏”，是指依法配备、配置枪支的人员，在配备、配置枪支的条件消除后，违反枪支管理法律、法规的规定，私自藏匿所配备、配置的枪支且拒不交出的行为。据此，非法持有枪支罪的主体是一般主体，而私藏枪支罪的主体则是特殊主体，即行为人原为具有配备、配置枪支的资格。其次，根据司法解释的规定，两者之间还区别于：私藏枪支者如果事后能主动交出或经通告教育后即主动交出的，一般不以犯罪论处；而非法持有枪支者则无论是否主动交出均构成犯罪。

本案中，被告人刘某不属于原来具备配备、配置枪支资格的人员，不符合私藏枪支罪特殊主体的要求，因此，公诉机关指控其构成私藏枪支罪属指控罪名不当，应当以非法持有枪支罪论处。

另外，本案中被告人刘某非法为他人代为保管国产“六·四”式手枪子弹4发，并在与他人打架斗殴中开枪1发对对方进行威胁，其行为是否又构成非法持有弹药罪呢？

对非法持有、私藏弹药罪的定罪量刑标准，《最高人民法院关于审理非法制造、买卖、运输枪支、弹药、爆炸物等刑事案件具体应用法律若干问题的解释》规定的定罪标准是："非法持有、私藏军用子弹20发以上，气枪铅弹1000发以上或者其他非军用子弹200发以上的。"或者"非法持有、私藏的弹药造成人员伤亡、财产损失的。"本案中，被告人刘某所非法持有的4发子弹达不到定罪的数量标准，也没有造成他人人身和财产的损失，后果较为轻微，不构成犯罪。

【法条指引】

中华人民共和国刑法

第一百二十八条 违反枪支管理规定，非法持有、私藏枪支、弹药的，处三年以下有期徒刑、拘役或者管制；情节严重的，处三年以上七年以下有期徒刑。

依法配备公务用枪的人员，非法出租、出借枪支的，依照前款的规定处罚。

依法配置枪支的人员，非法出租、出借枪支，造成严重后果的，依照第一款的规定处罚。

单位犯第二款、第三款罪的，对单位判处罚金，并对其直接负责的主管人员和其他直接责任人员，依照第一款的规定处罚。

最高人民检察院关于将公务用枪用作借债质押的行为如何适用法律问题的批复

重庆市人民检察院：

你院渝检（研）〔1998〕8号《关于将公务用枪用作借债抵押的行为是否构成犯罪及适用法律的请示》收悉。经研究，批复如下：

依法配备公务用枪的人员，违反法律规定，将公务用枪用作借债质押物，使枪支处于非依法持枪人的控制、使用之下，严重危害公共安全，是刑法第一百二十八条第二款所规定的非法出借枪支行为的一种形式，应以非法出借枪支罪追究刑事责任；对接受枪支质押的人员，构成犯罪的，根据刑法第一百二十八条第一款的规定，应以非法持有枪支罪追究其刑事责任。

▶ 三十一、非法出租、出借枪支罪

【宣讲要点】

1. 什么是非法出租、出借枪支罪？

非法出租出借枪支罪，是指依法配有枪支的个人或者单位，违反枪支管理的规定，将个人或者单位合法配有的枪支非法出租、出借给他人或其他单位使用，或者该出租、出借行为造成严重后果的行为。

2. 构成非法出租、出借枪支罪有哪些要件？

本罪侵犯的是公共安全和国家对枪支管理的相关规定。行为人客观上有出租或者出借自己合法配有的枪支或者单位合法配有的枪支。犯罪对象是枪支。在客观方面表现为违反枪支管理规定，非法将个人或单位的合法用枪出租、出借给他人及因该行为造成的严重后果。依法配备公务用枪的人员，非法将枪支用作借债质押物的，以非法出租、出借枪支论。构成本罪的犯罪主体为特殊主体，即合法配枪的个人和单位，不具备合法配枪资格的个人和单位不能构成本罪。构成本罪的犯罪行为人在主观上是故意的，即明知自己非法出租、出借枪支，是严重违反枪支管理法的，也预见到自己的行为会危及他人的生命安全和人身健康，但却希望这种结果发生。

3. 非法出租、出借枪支的具体表现有哪些？

非法出租、出借枪支具体表现为，违反枪支管理规定，非法将个人或单位的合法用枪出租、出借给他人及因该行为造成严重后果，或依法配备公务用枪的人员，非法将枪支用作借债质押物的，以非法出租、出借枪支论。

4. 非法出租、出借枪支案的立案标准是什么？

依法配备公务用枪的人员或单位，非法将枪支出租、出借给未取得公务用枪配备资格的人员或单位，或者将公务用枪用作借债质押物的，应予立案追诉。

依法配备公务用枪的人员或单位，非法将枪支出租、出借给具有公务用枪配备资格的人员或单位，以及依法配置民用枪支的人员或单位，非法出租、出借民用枪支，涉嫌下列情形之一的，应予立案追诉：（1）造成人员轻伤以上伤亡事故的；（2）造成枪支丢失、被盗、被抢的；（3）枪支被他人利用进行违法犯罪活动的；（4）其他造成严重后果的情形。

5. 对非法出租出借枪支罪如何处罚？

犯非法出租出借枪支罪的，单位犯罪的，对单位判处罚金，并对其直接负责的主管人员和其他直接责任人员，处3年以下有期徒刑、拘役或者管制；情节严重的，处3年以上7年以下有期徒刑。

6. 哪些人员和单位可以依法配有枪支？

合法配有枪支的人员和单位是指：公安机关、国家安全机关、监狱、劳教所及其人民警察、人民检察院及其司法警察、负有侦破案件责任的检察人员、人民法院及其司法警察、海关缉私人员，国家重要的科研、仓储、金融、军工等专职守护和押运人员等。合法配有民用枪支的个人和单位是指经省级人民政府公安机关批准的体育射击运动用枪的单位和个人、射击运动业营业性射击场用枪、狩猎人员用枪及野生动物饲养、抓捕单位配备的麻醉枪等。

7. 非法出租、出借枪支罪罪与非罪如何认定？

依法配备公务用枪的人员，只要实施了非法出租、出借枪支的行为，就构成非法出租、出借枪支罪；而依法配置枪支的人员，只是实施了非法出租、出借枪支的行为，尚不构成犯罪，只有因此造成了严重后果才构成本罪。在具体认定罪与非罪过程中，主要应当注意如下几点：（1）从主体上区分。构成本罪的主体只能是依法配备公务用枪和依法配置民用枪支的个人和单位，非依法配备、配置枪的单位和个人非法出租、出借枪支的，不构成本罪。（2）从主观方面区分。构成本罪必须是故意所为，如果是过失所为，则不构成本罪。（3）从情节上区分。如将枪支出租、出借给不法分子则属于情节严重，如将民用枪支出租、出借他人临时使用并未造成严重后果的，一般不应以犯罪论处。（4）从枪支的种类上区分。一般来说，出租、出借公务用枪的行为危害较大，而出租、出借民用枪支的行为危害较小，对前者一般应以犯罪论处，对后者只要没有造成严重后果的，不宜以犯罪论处。

【典型案例】

2003年4月11日23时许，向某某去找前妻向某时，见刘某与向某在一起，便打了刘某一耳光，双方发生纠纷。后经刘某的表兄刘某某调解，向某某答应赔偿刘某1000元。因当时身上没钱，向某某便以自己的一辆摩托车作抵押。次日上午9时许，向某某为要回摩托车，即以防身为名，到本单位金库值班室向正在值班的韩某某借枪。韩某某开始不答应，但在向某某的反复纠缠下，还是将配备给自己值班用的一支“六·四”式手枪及子弹11发借给他。向某某随即携枪外出，邀集两名社会青年，携带刀等凶器找到刘某，要回了摩托车。公安民警及刘某某闻讯赶来，追赶向某某等人，向某某便拿出手枪进行威胁，而后逃离现场。当天上午10时许，向某某把手枪还给韩某某。法院以非法持有枪支罪判处向某某有期徒刑1年，缓刑1年；擅自向向某某出借枪支的同事韩某某因犯非法出借枪支罪被判处拘役6个月，缓刑6个月。

【专家评析】

本案中，被告人向某某为要回摩托车，即以防身为名，到本单位金库值班室向正在值班的韩某某借枪。在向某某的反复纠缠下，韩某某将其值班用的一支“六·四”式手枪及子弹借给了向某某。向某某随即携枪外出，邀集两名社会青年，携带刀等凶器找到刘某，要回了摩托车。向某某不具备持有枪支的资格，但非法向他人借枪并外出携带，违反了枪支管理规定，其行为构成非法持有枪支罪。

根据案例的介绍，被告人韩某某为单位金库的值班工作人员，依规定配备值班枪支，据此我们可以理解其具备法律法规规定的持枪资格。但是，根据刑法第128条第2款规定：“依法配备公务用枪的人员，非法出租、出借枪支的，依照前款的规定处罚。”这里所说的“依法配备公务用枪的人员”，是指公安机关、国家安全机关、监狱、劳动教养机关的人民警察、人民法院的司法警察，人民检察院的司法警察和担负案件侦查任务的检察人员，以及海关的缉私人员，在依法履行职责时确有必要使用枪支的，还有国家重要的军工、金融、仓储、科研等单位的专职守护、押运人员在执行守护、押运任务时确有必要使用枪支等人员。这里所说的“公务用枪”，即指各种军用枪支，如手枪、冲锋枪、机枪等。“非法出租”，是指以牟利为目的，将配备给自己的枪支租给他人的行为；“非法出借”，是指擅自将配备给自己的枪支借给他人的行为。根据本款的规定，行为人在主观上对出租、出借的行为是明知的。本案中，向某某是以防身为借口向韩某某外借枪支的，故应对韩某某以非法出借枪支罪定罪处罚。

【法条指引】

中华人民共和国刑法

第一百二十八条 违反枪支管理规定，非法持有、私藏枪支、弹药的，处三年以下有期徒刑、拘役或者管制；情节严重的，处三年以上七年以下有期徒刑。

依法配备公务用枪的人员，非法出租、出借枪支的，依照前款的规定处罚。

依法配置枪支的人员，非法出租、出借枪支，造成严重后果的，依照第一款的规定处罚。

单位犯第二款、第三款罪的，对单位判处罚金，并对其直接负责的主管人员和其他直接责任人员，依照第一款的规定处罚。

▶ 三十二、丢失枪支不报罪

【宣讲要点】

1. 什么是丢失枪支不报罪？该罪的犯罪构成要件是什么？

丢失枪支不报罪，是指依法配备公务用枪的人员违反枪支管理规定，丢失枪支不及时报告，造成严重后果的行为。

本罪的构成要件是：侵犯的客体是公共安全和国家对枪支的管理制度。在客观方面表现为丢失枪支后不及时报告，并造成严重后果的行为。这里的丢失，既包括因行为人保管不善而遗失，也包括枪支被盗、被抢、被骗或其他丧失对枪支控制的情况。这里的不及时报告，是指在发现枪支丢失后未立即报告，这是构成本罪的一个重要条件。如果行为人在枪支丢失后一段时间内一直未发觉丢失而被他人利用作案时，不宜认定是不及时报告。如果行为人对枪支保管完全是按照规定，但因意外发生被盗、被抢而及时报告的，不构成本罪。如果行为人违反枪支管理规定在使用、存放时被盗，即使及时报告的，也应承担过失责任，但不构成本罪。丢失公务用枪不及时报告的行为，只有造成严重后果的，才构成本罪，这是本罪成立的一个法定要件。严重后果是指枪支丢失落入犯罪分子手中被予以持有、使用或因枪支走火等造成重大人身伤亡后果的等。本罪主体为特殊主体，即依法配备公务用枪的人员。本罪在主观方面表现为故意，即明知枪支丢失但不及时报。如果不知道枪支丢失而没有报告的，不构成本罪。行为人对于枪的丢失，可能是出于过失，但不及时报告，却是出于故意。

2. 丢失枪支不报的具体表现有哪些?

丢失枪支不报具体表现为丢失枪支后不及时报告，并造成严重后果的行为。这里的丢失，既包括因行为人保管不善而遗失，也包括枪支被盗、被抢、被骗或其他丧失对枪支控制的情况。这里的不及时报告，是指在发现枪支丢失后未立即报告，这是构成本罪的一个重要条件。如果行为人在枪支丢失后一段时间内一直未发觉丢失而被他人利用作案时，不宜认定其是不及时报告。如果行为人对枪支保管完全是按照规定，但因意外发生被盗、被抢而及时报告的，不构成本罪。如果行为人违反枪支管理规定在使用、存放时被盗，即使及时报告的，也应承担过失责任，但不构成本罪。丢失公务用枪不及时报告的行为，只有造成严重后果的，才构成本罪，这是本罪成立的一个法定要件。严重后果是指枪支丢失落入犯罪分子手中被予以持有、使用或因枪支走火等造成重大人身伤亡后果的等。

3. 丢失枪支不报案的立案标准是什么?

依法配备公务用枪的人员，丢失枪支不及时报告，涉嫌下列情形之一的，应予立案追诉：（1）丢失的枪支被他人使用造成人员轻伤以上伤亡事故的；（2）丢失的枪支被他人利用进行违法犯罪活动的；（3）其他造成严重后果的情形。

4. 对丢失枪支不报罪如何处罚？

犯丢失枪支不报罪的，处 3 年以下有期徒刑或者拘役。

5. 我国依法可以配备公务用枪的人员有哪些？

一是公安机关、国家安全机关、监狱、劳动教养机关的人民警察，人民法院的司法警察，人民检察院的司法警察和担负案件侦查任务的检察人员，海关的缉私人员。二是国家重要的军工、金融、仓储、科研等单位的专职守护、押运人员在执行守护、押运任务时确有必要使用枪支的。

【典型案例】

1997 年 11 月 2 日，某市公安局巡警大队干警骆某向某房产公司借了一辆丰田面包车，前往该市云水乡看望父亲。回来时已是中午 12 点半，骆某便在快餐店里买了一份盒饭，开车送往某服装商场，给其妻子吃。骆某将车停在该商场前面的马路上，急匆匆地到商场里送饭。由于一时疏忽，骆某忘记将车里的一扇窗户关上，小偷曾某见车里无人，迅速爬进去，将骆某放在驾驶室内的一个皮包拿走，里面装有骆某依法配备的一支“五·四”式手枪及一部爱立信手机、700 元人民币。骆某回来后发现枪支被盗，担心受处分，一直未报告公安机关。1997 年 12 月 5 日，曾某拿着该枪在该市抢劫，抢劫时遭到事主反抗，曾某竟残忍地开枪将事主打死，公安机关迅速组织警力进行侦破，于同年 12 月 23 日将曾某抓获，并搜出其盗窃骆某的“五·四”式手枪，至此，骆某丢枪一事才被公安局发现。后骆某被人民法院以丢失枪支不报告罪判处有期徒刑 2 年，缓刑 3 年。

【专家评析】

丢失枪支不报罪的犯罪主体是特殊主体，即“依法配备公务用枪的人员”。这里所说的“依法配备公务用枪的人员”的范围与刑法第 128 条规定的依法配备公务用枪的人员的范围是一致的。构成本罪行为人必须具有丢失枪支不及时报告的行为。这里所说的“枪支”，即指公务用枪，不包括民用枪支；“丢失枪支”，主要是指依法配备公务用枪的人员的枪支被盗、被抢或者遗失等情况。现实中丢失枪支的情况很复杂，有的行为人有过错，有的行为人没有过错，但无论枪支如何丢失，都是构成犯罪的前提条件。为了划清罪与非罪的界限，本条规定，构成本罪必须具备以下两个条件：一是丢枪后“不及时报告”，二是丢枪的行为造成了严重后果。

本案中，某市公安局巡警大队骆某依法具有配备枪支的资格，符合本罪的主体要件，即“依法配备公务用枪的人员”。其次，骆某在发现自己的枪支被盗后，因担心自己遭受处分，而并没有及时向有关单位报告。该行为符合本罪的客观要件，即所谓的“知而不报”。最后，盗窃该枪支的曾某用该枪支进行抢劫并杀害事主，也即该枪支丢失后被犯罪分子用于犯罪活动，并造成了严重的后果。因此，本案中，对于骆某丢失公务用枪而没有向有关单位或部门报告的行为，应当认定为丢失枪支不报罪。

【法条指引】

中华人民共和国刑法

第一百二十九条 依法配备公务用枪的人员，丢失枪支不及时报告，造成严重后果的，处三年以下有期徒刑或者拘役。

▶ 三十三、非法携带枪支、弹药、管制刀具、危险物品危及公共安全罪

【宣讲要点】

1. 什么是非法携带枪支、弹药、管制刀具、危险物品危及公共安全罪？该罪的犯罪构成要件是什么？

非法携带枪支、弹药、管制刀具、危险物品危及公共安全罪，是指行为人违反国家关于枪支、弹药、管制刀具或者爆炸性、易燃性、放射性、毒害性、腐蚀性等危险物品进入公共场所或者公共交通工具，危及公共安全的行为。

本罪的构成要件是：本罪危害的是不特定的人和物，侵害的客体是公共安全和枪支、弹药、管制刀具、危险物品的管理办法。构成本罪，客观方面必须满足两个条件：一是行为人必须具有非法携带上述物品的行为；二是行为人必须携带上述物品进入公共场所或者进入公共交通工具。同时，必须达到情节严重的，才能构成本罪。对于情节显著轻微，携带数量很少，没有造成危害后果的，则不宜认为构成本罪。本罪属行为犯，只要行为人非法携带枪支、弹药、管制刀具、危险物品进入了公共场所或公共交通工具，一旦达到情节严重，即可构成本罪，并不以造成实际危害后果为构成必要。倘若发生其他后果，如爆炸、火灾等，则应依其主观的内容以他罪如爆炸罪、过失爆炸罪、放火罪、失火罪、破坏交通工具罪等论处，非法携带的行为则不再单独构成本罪。构成本罪的是一般主体，即年满16周岁的、具有刑事责任能力的自然人，既可以是中国籍公民，也可以是外国籍公民，还可以是无国籍公民。构成本罪的行为人主观上是故意，即行为人明知自己所携带的枪支、弹药、管制刀具、危险物品进入公共场所或者公共交通工具，会危害公共安全，造成不特定人或物的损害而携带并不听劝告按规定处理。

2. 非法携带枪支、弹药、管制刀具、危险物品危及公共安全的具体表现有哪些？

具体表现是非法携带枪支、弹药、管制刀具等危险物品进入公共场所或公共交通工具，屡教不改的，大量携带的，或者实施上述行为是在公共交通高峰期的，等等。

3. 非法携带枪支、弹药、管制刀具、危险物品危及公共安全案的立案标准是什么？

非法携带枪支、弹药、管制刀具或者爆炸性、易燃性、放射性、毒害性、腐蚀性物品，进入公共场所或者公共交通工具，危及公共安全，涉嫌下列情形之一的，应予立案追诉：（1）携带枪支1支以上或者手榴弹、炸弹、地雷、手雷等具有杀伤性弹药1枚以上的；（2）携带爆炸装置1套以上的；（3）携带炸药、发射药、黑火药500克以上或者烟火药1000克以上、雷管20枚以上或者导火索、导爆索20米以上，或者虽未达到上述数量标准，但拒不交出的；（4）携带的弹药、爆炸物在公共场所或者公共交通工具上发生爆炸或者燃烧，尚未造成严重后果的；（5）携带管制刀具20把以上，或者虽未达到上述数量标准，但拒不交出，或者用来进行违法活动尚未构成其他犯罪的；（6）携带的爆炸性、易燃性、放射性、毒害性、腐蚀性物品在公共场所或者公共交通工具上发生泄漏、遗洒，尚未造成严重后果的；（7）其他情节严重的情形。

4. 对非法携带枪支、弹药、管制刀具、危险物品危及公共安全罪如何处罚？

犯非法携带枪支、弹药、管制刀具、危险物品危及公共安全罪的，处3年以下有期徒刑、拘役或者管制。

【典型案例】

2009年6月初的一天下午，周某在焦作市解放区老牛河村北的市政搅拌站北山附近闲转时，在一矿坑石头下发现一编织袋内装有炸药和雷管。6月12日，周某将该编织袋带回其打工的养鸡场，放在其住的房间床头柜内。6月15日23时许，周某将炸药和雷管装入一红色布兜，并携带该物品回家，走至老牛河村一商店时，坐在商店门口喝酒，并将装有炸药和雷管的红色布兜放在凳子旁，被侦查人员抓获，当场从红色布兜内查获火雷管62枚、电雷管7枚、硝铵炸药2250克、黑管乳化炸药900克。经鉴定，该电雷管、火雷管属起爆器材，具有一定爆炸性能，乳化炸药具有爆炸性能，硝铵炸药是爆炸物。2009年9月26日，解放区人民法院依照刑法第130条的规定，判处周某犯非法携带危险物品危及公共安全罪，判处有期徒刑1年。

【专家评析】

非法携带爆炸性物品进入公共场所严重危及不特定多数人的生命及财产安全，影响社会和谐稳定。为保障公共安全，刑法规定了非法携带枪支、弹药、管制刀具、危险物品危及公共安全罪。

本罪与非法持有、私藏枪支、弹药罪都是危害公共安全的犯罪且两罪犯罪对象都包括枪支和弹药，但两罪的主要区别在于客观方面是否将枪支、弹药带入公共场所或公共交通工具上。

在本案中，周某明知是炸药和雷管仍非法携带进入公共场所或公共交通工具，周某具有主观上的故意，因为作为正常的成年人应当知道炸药和雷管具有爆炸性，但周某依然非法携带。在客观方面，周某携带爆炸性物品在商店门口喝酒，依据生活经验，商店人口集聚比较多，周某携带炸药和雷管的数量符合法定追诉标准，严重危及不特定多数人的生命及财产安全，因此对周某应以非法携带危险物品危及公共安全罪定罪处罚。

【法条指引】

中华人民共和国刑法

第一百三十条 非法携带枪支、弹药、管制刀具或者爆炸性、易燃性、放射性、毒害性、腐蚀性物品，进入公共场所或者公共交通工具，危及公共安全，情节严重的，处三年以下有期徒刑、拘役或者管制。

▶ 三十四、重大飞行事故罪

【宣讲要点】

1. 什么是重大飞行事故罪？该罪的犯罪构成要件是什么？

重大飞行事故罪，是指航空人员违反规章制度，致使发生重大飞行事故，造成严重后果的行为。

本罪的构成要件是：侵犯的客体是航空飞行运输安全。在客观方面表现为在空中运输活动中违反规章制度，因而发生重大事故，致人重伤、死亡或者使公私财产遭受重大损失的行为。本罪的主体为特殊主体，主体必须是航空人员。根据民用航空法的规定，航空人员，是指从事民用航空活动的空勤人员和地勤人员。空勤人员包括驾驶员、领航员、飞行通信员、机械员、乘务员，地勤人员包括民用航空维护人员、空中交通管制员、飞行签派员、航空台通信员。因为他们担负的职责同交通运输安全有直接关系，一旦不正确履行自己的职责，都可能造成重大事故。本罪在主观方面表现为过失，包括疏忽大意的过失和过于自信的过失。这种过失主要是指行为人对危害后果的态度而言。行为人在违反规章制度上可能出于故意，但对于发生飞行事故的严重后果则是过失的，即应当预见而未预见到可能发生严重后果，或者虽然预见，但轻信可以避免，以致发生了严重的后果；如果出于故意，就不构成本罪，而属于其他犯罪。

2. 重大飞行事故的具体表现有哪些？

重大飞行事故的具体表现是航空人员违反规章制度，致使发生重大飞行事故，造成严重后果的行为，如航空维修人员不认真检查、维修航空器，未及时发现航空器的故障；领航员领航不正确，飞机起飞前，机长不对航空器进行全面检查，飞机遇险时机长未采取必要的挽救措施；机组人员未经机长批准擅自离开航空器；民用航空器不按照空中交通管制单位指定的航路和飞行高度飞行；民用航空器机组人员的飞行时间、执勤时间超过国务院民用航空主管部门规定的时限等。

3. 重大飞行事故罪的立案追诉标准是什么？

重大飞行事故罪必须发生重大事故，致人重伤、死亡或者使公私财产遭受重大损失的严重后果。所谓重大事故，根据民航飞行事故划分标准，是指造成死亡 39 人以下，或者飞机失踪，该机机上人员在 39 人以下；或者飞机迫降到无法运出的地方。所谓严重后果，一般是指飞机等航空器或者其他航空设施受到严重损坏，航空器上人员遭受重伤，公私财产受到严重损失等。如果造成了飞机坠毁或者人员死亡的，应适用刑法第 131 条给予处罚。如果只有航空人员的违章行为，没有实际发生重大飞行事故，则对行为人予以行政处分，不能追究其刑事责任。

4. 对重大飞行事故罪如何处罚？

犯重大飞行事故罪的，处 3 年以下有期徒刑或者拘役；造成飞机坠毁或者人员死亡的，处 3 年以上 7 年以下有期徒刑。

5. 本罪罪与非罪如何认定?

认定本罪一看行为人的行为是否违反规章制度。如果行为人的行为是照章行事的，不违反规章制度，即使发生重大事故，致人重伤、死亡或者使公私财产遭受重大损失，也不构成犯罪。二看是否造成了严重后果。行为人虽然违反了规章制度，但未造成严重后果的，不构成犯罪。三看违章行为与严重后果之间是否有因果关系。即使在行为人的违章行为之后，发生了重大事故，但不是行为人的违章行为引起的，二者之间没有因果关系，不构成犯罪。四看行为人主观上有无过失。如果行为人主观上既无故意，又无过失，严重后果是由于不能预见或者不可抗拒的原因引起的，属于意外事件。

6. 如何区分本罪与重大责任事故罪?

主要区别在于：(1) 犯罪主体不同。尽管两者都是特殊主体，但重大飞行事故罪的犯罪主体仅限于航空人员；重大责任事故罪的犯罪主体则只能是工厂、矿山、林场、建筑企业或其他企业、事业单位的职工以及群众合作经营组织或个体经营户的从业人员。(2) 发生的场合不同。重大飞行事故罪发生在航空器的飞行过程中，而重大责任事故罪则发生在生产、作业过程中。

【典型案例】

2010 年 8 月 24 日 21 时 38 分，河南航空有限公司哈尔滨至伊春 VD8387 航班，在黑龙江省伊春市林都机场着陆过程中失事，造成机上 44 人死亡、52 人受伤，直接经济损失 30891 万元。空难发生后，国务院成立专门小组对事故进行调查并发布报告。报告称，齐某某作为事故当班机长，未履行民用航空法关于机长法定职责的有关规定，违规操纵飞机低于最低运行标准实施进近；在飞机进入辐射雾，未看见机场跑道、没有建立着陆所必需的目视参考的情况下，穿越最低下降高度实施着陆；在撞地前出现无线电高度语音提示，且未看见机场跑道的情况下，仍未采取复飞措施，继续实施着陆，导致飞机撞地。报告认为，齐某某对事故发生负有直接责任，应以涉嫌重大飞行事故罪追究其刑事责任。此后，机长齐某某因涉嫌重大飞行事故罪被立案侦查。2013 年 11 月 28 日，伊春市伊春区法院开庭审理该案，齐某某辩护律师为其作罪轻辩护。这是中国首例飞行员被指控重大飞行事故罪的案件。法庭没有当庭宣判。

【专家评析】

随着市场经济的发展和人民生活水平的提高，飞机等航空器作为交通工具越来越受到人们喜欢，同时各种物资的航空运输也日益繁忙，中国航运事业飞速发展，航班、航线不断增多。飞机等航空器一旦发生重大事故，就会危及公共安全，使人民生命财产遭受重大损失。鉴于航空器的特殊性，刑法规定了重大飞行事故罪。

在本案中，齐某某作为航空人员，违反规章制度，违规操纵飞机低于最低运行标准实施进近，在飞机进入辐射雾，未看见机场跑道、没有建立着陆所必需的目视参考的情况下，穿越最低下降高度实施着陆，在撞地前出现无线电高度语音提示，且未看见机场跑道的情况下，仍未采取复飞措施，继续实施着陆，导致飞机撞地，造成机上 44 人死亡、52 人受伤，直接经济损失 30891 万元。齐某某案完全符合重大飞行事故罪犯罪构成，应以重大飞行事故罪追究刑事责任。

【法条指引】

中华人民共和国刑法

第一百三十一条 航空人员违反规章制度，致使发生重大飞行事故，造成严重后果的，处三年以下有期徒刑或者拘役；造成飞机坠毁或者人员死亡的，处三年以上七年以下有期徒刑。

▶ 三十五、铁路运营安全事故罪

【宣讲要点】

1. 什么是铁路运营安全事故罪？该罪的犯罪构成要件是什么？

铁路运营安全事故罪，是指铁路职工违反规章制度，致使发生铁路运营安全事故，造成严重后果的行为。

本罪的构成要件是：侵犯的客体是铁路运输的正常秩序和铁路运输的安全。客观方面表现为行为人不负责任在铁路运输活动中违反规章制度，因而发生运营事故，情节严重的行为。本罪犯罪主体为特殊主体，只有铁路职工才能成为本罪主体。这里所称的铁路职工，是指具体从事铁路运营业务与保证列车运营安全有直接关系的人员。包括具体操纵机车的司机；铁路运营设备的其他操纵人员，如扳道员、挂钩员；列车运营活动的直接领导和指挥人员，如调度员；列车安全的管理人员，如信号员，等等。如果是铁路部门的非运营第一线职工，则不能成为本罪主体。本罪在主观方面表现为过失，包括疏忽大意的过失和过于自信的过失。这种过失主要是指行为人对危害后果的态度而言。行为人在违反规章制度上可能出于故意，但对于发生的严重后果则是过失的，即行为人应当预见未预见到可能发生严重后果，或者虽然预见，但轻信可以避免，以致发生了严重的后果；如果出于故意，就不属于铁路运营安全事故罪，而属于其他犯罪。

2. 铁路运营安全事故的具体表现有哪些?

铁路运营安全事故具体表现为行为人不负责任在铁路运输活动中违反规章制度，因而发生运营事故，情节严重的行为。违反规章制度的行为可以是作为，如超速行驶、错扳道岔、错发信号等；也可以是不作为，如过道口未鸣笛示警、扳道员不按时扳道岔、岔道口不减速等。具体而言，铁路运营安全事故要表现为 3 个方面。

首先，行为必须违反同保障铁路运输安全有直接关系的各种规章制度。“违反规章制度”，是构成本罪的前提，同时，由于这种违反规章制度的行为，导致了铁路运营事故的发生。如果运营事故不是由违反规章制度的行为所引起，则行为人不受刑罚。铁路职工违反规章制度的行为可以是作为，如超速行驶、错扳道岔、错发信号等；也可以是不作为，如过道口未鸣笛示警、扳道员不按时扳道岔、岔道口不减速等。

其次，必须造成重大事故，致人重伤、死亡或者使公私财产遭受重大损失的严重后果。本条所称“严重后果”，一般是指造成了人员重伤、公私财产的重大损失；经常违反规章制度，屡教不改，以致酿成运营事故；明知列车关键部件有失灵危险，仍继续驾驶，以致酿成运营事故，等等。“特别严重后果”，一般是指造成人员死亡或多人重伤，公私财产遭受巨大损失等。

最后，严重后果必须是违章行为引起的，二者之间存在因果关系。违反规章制度，致人重伤、死亡或者使公私财产遭受重大损失的行为，必须发生在从始发车站准备载人装货至终点车站旅客离去、货物卸完的整个交通运输活动过程中。

3. 铁路运营安全事故罪的立案追诉标准是什么?

铁路职工违反规章制度，致使发生铁路运营安全事故，造成严重后果的，应予立案追究。

4. 对铁路运营安全事故罪如何处罚?

犯铁路运营安全事故罪的，处 3 年以下有期徒刑或者拘役；造成特别严重后果的，处 3 年以上 7 年以下有期徒刑。

5. 如何区分本罪与交通肇事罪?

（1）犯罪主体不同。铁路运营安全事故罪的犯罪主体是特殊主体，仅限于铁路职工；交通肇事罪的犯罪主体是一般主体，包括交通运输人员和非交通运输人员。（2）违反的规章制度不同。铁路运营安全事故罪违反的是铁路等部门制定的有关运输管理、维修管理、操作规程、安全管理等方面的规章制度；交通肇事罪违反的是同保证交通运输安全有直接关系的各种法律、法规与制度，其范围较广。（3）犯罪客体不同。铁路运营安全事故罪侵犯的客体是铁路运营的安全；交通肇事罪侵犯的客体主要是陆路和水路交通运输的安全。

6. 如何区分本罪与重大责任事故罪?

两者都是过失犯罪，行为人都有违反规章制度的行为，并且都发生了重大事故，造成了严重后果。两者的区别主要有：（1）犯罪主体不同。两者都是特殊主体，但铁路运营安全事故罪的犯罪主体只能是铁路职工；重大责任事故罪的主体仅限于工厂、矿山、林场、建筑企业或其他企业、事业单位的职工以及群众合作经营组织或个体经营户的从业人员。（2）发生的场合不同。铁路运营安全事故罪发生在列车运营过程中；重大责任事故罪则发生在生产、作业过程中。

【典型案例】

1998 年 7 月 13 日凌晨 6 时 30 分，某铁路局所辖某路段职工汤某某带领工人王某某等 10 人，在湘黔线朝阳坝 2 号隧道内 K625 +130 米至 K625 +75 米处，从洞内往洞外进行施工作业，由汤某某负责指挥起道对水平，王某某担任起道机手，其他人员捣固。9 时 30 分，全体人员出洞休息、吃早饭。9 时 53 分，845 次旅客列车通过施工地点。几分钟后，全体人员再次进洞作业，汤某某看道后，叫王某某起了 4 号铁上股一撬，接着又叫王某某起了 3 号铁与 4 号铁上股的低接头（K625 +75 米）处一撬。第二撬还没捣固完，汤某某又指挥将起道机放于下股准备起下股时，听见火车鸣笛，只得将起道机放了压，来不及用道尺对水平，1913 次货物列车已经到达，并在经过施工地点时严重晃车，随即脱轨，罐体车撞在洞壁破裂，导致液化石油气泄漏燃烧爆炸，中断行车 19 天，经济损失 900 余万元。

【专家评析】

铁路运输具有速度快、价格适宜、运送量大的特点，是我国交通运输体系的骨干，在国民经济和社会生活中起着举足轻重的作用。但是，铁路运输在提供越来越快捷、高效的运输服务的同时，其本身也具有很高的安全风险。铁路运输中发生的各种安全事故往往会给人民群众的生命、健康和公私财产造成重大损害。在铁路运输活动中，铁路职工的工作直接关系着铁路运营的安全。铁路职工正确履行职责既是职务的基本要求，也是维护公共安全的基本要求。在实践中，因铁路职工违反规章制度，不正确履行职责致使发生铁路运营事故的，往往会造成机车毁损和人员伤亡的严重后果，危害极大。

为遏制铁路职工违反规章制度的行为，防止事故发生，1997 年刑法修订时，在第 132 条规定：“铁路职工违反规章制度，致使发生铁路运营安全事故，造成严重后果的，处三年以下有期徒刑或者拘役；造成特别严重后果的，处三年以上七年以下有期徒刑。”换言之，铁路运营安全事故罪，是指铁路职工违反规章制度，致使发生铁路运营安全事故，造成严重后果的行为。本罪在客观方面的主要表现是，行为人违反铁路运输规章制度，导致发生运营事故，情节严重；在主观方面表现为过失，包括疏忽大意的过失和过于自信的过失。

本案中，汤某某作为铁路施工组织人员，负责轨道施工时指挥起道对水平，应当在施工前做好通过施工地点车辆的时点备查工作，并在施工时注意避开过往车辆，保障过往车辆的安全通行。但是在施工过程中，违反铁路施工的规章制度，在没有确认车辆通过间隔时长的情况下，贸然组织作业人员起道对水平，导致 1913 次货物列车通过时在经过施工地点时脱轨，中断行车 19 天，经济损失 900 余万元。依据刑法第 132 条的规定，应当以铁路运营事故罪论处。

【法条指引】

中华人民共和国刑法

第一百三十二条 铁路职工违反规章制度，致使发生铁路运营安全事故，造成严重后果的，处三年以下有期徒刑或者拘役；造成特别严重后果的，处三年以上七年以下有期徒刑。

▶ 三十六、交通肇事罪

【宣讲要点】

1. 什么是交通肇事罪？该罪的犯罪构成要件是什么？

交通肇事罪，是指违反交通运输管理法规，因而发生重大事故，致人重伤、死亡或者使公私财产遭受重大损失的行为。

本罪的构成要件是：侵犯的客体是交通运输安全。需要指出的是，如果使用自行车、三轮车、人力车等非机动车进行交通运输，发生重大事故，致人伤亡的，也可以构成本罪。客观方面表现为违反交通运输管理法规，因而发生重大事故，致人重伤、死亡或者使公私财产遭受重大损失的行为。犯罪主体是一般主体。实践中主要是从事交通运输的人员。非交通运输人员违反规章制度，如非司机违章开车，在交通运输中发生重大事故，造成严重后果的，也构成本罪的主体。《最高人民法院、最高人民检察院关于办理盗窃案件具体应用法律的若干问题的解释》中指出："在偷开汽车中因过失撞死、撞伤他人或者撞坏了车辆，又构成其他罪的，应按交通肇事罪与他罪并罚。"主观方面表现为过失，即行为人明知自己的行为会发生危害社会的结果，因为疏忽大意而没有预见或者虽然已经预见但轻信能够避免。

2. 交通肇事的具体表现有哪些?

交通肇事的具体表现是，行为人违反交通管理法规，因而发生重大交通事故的行为。"违反交通管理法规"，是指违反国家有关交通运输管理的法律、法规和国家有关主管部门制定的交通运输管理规章等，如公路法、道路交通安全法等法律法规的规定。违反交通管理法规的行为，是指司机酒后开车、非司机开车、驾驶员违章操作强行超车、超载，等等。公路违章的有无证驾驶、强行超车、超速行驶、酒后开车；航运违章的有船只强行横越，不按避让规章避让，超速换挡，在有碍航行处锚泊或停靠等等。"重大事故"，主要是指撞车、沉船、翻车、人员伤亡、公私财产受损害等情形。

3. 交通肇事罪的立案追诉标准是什么?

根据刑法第 133 条的规定，违反交通运输管理法规，因而发生重大事故，致人重伤、死亡或者使公私财产遭受重大损失的，应当立案追究。

根据 2000 年 11 月 10 日公告、11 月 21 日起施行的《最高人民法院关于审理交通肇事刑事案件具体应用法律若干问题的解释》第 2 条第 1 款的规定，交通肇事具有下列情形之一的，处 3 年以下有期徒刑或者拘役：（1）死亡 1 人或者重伤 3 人以上，负事故全部或者主要责任的；（2）死亡 3 人以上，负事故同等责任的；（3）造成公共财产或者他人财产直接损失，负事故全部或者主要责任，无能力赔偿数额在 30 万元以上的。第 2 条第 2 款规定，交通肇事致 1 人以上重伤，负事故全部或者主要责任，并具有下列情形之一的，以交通肇事罪定罪处罚：（1）酒后、吸食毒品后驾驶机动车辆的；（2）无驾驶资格驾驶机动车辆的；（3）明知是安全装置不全或者安全机件失灵的机动车辆而驾驶的；（4）明知是无牌证或者已报废的机动车辆而驾驶的；（5）严重超载驾驶的；（6）为逃避法律追究逃离事故现场的。

符合上述情形之一的，公安机关应当立案追究。应当注意，对于交通肇事案件是否决定立案，一是要分清事故责任，二是要看是否符合上述司法解释的具体标准。如果行为人只有违章行为，并未造成严重后果的，则不以犯罪论处，不予立案。

4. 对交通肇事罪如何处罚?

犯交通肇事罪的，处3年以下有期徒刑或者拘役；交通运输肇事后逃逸或者有其他特别恶劣情节的，处3年以上7年以下有期徒刑；因逃逸致人死亡的，处7年以上有期徒刑。

5. 本罪罪与非罪如何认定?

是否构成交通肇事罪关键要查清行为人是否有主观罪过，是否实施了违反交通运输管理法规的行为，违反交通运输管理法规的行为与重大交通事故是否具有因果关系等。倘若没有违法行为或者虽有违法行为但没有因果关系，如事故发生纯属被害人不遵守交通规则，乱穿马路造成，或由自然因素，如山崩、地裂、风暴、洪水等造成，则不应以本罪论处。当然，事故发生并不排除可能存在多种原因或有其他介入因素，这里就更应该认真分析原因及其介入行为对交通事故发生的作用。只有查清确实与行为人的违规行为具有因果关系，才可能以本罪论处；否则，就不应以本罪治罪而追究刑事责任。例如，行为人高速超车突然发现前方几十米处有人穿越马路，便打方向盘试图避开行人，但出于车速过快，致使车冲入人行道而将他人轧成重伤。此时，行人穿越马路作为介入因素仅是发生本案的条件，肇事的真正原因则是违章超速行车，因此应当认定行为与结果具有因果关系从而可以构成本罪。

6. 交通肇事逃逸如何认定?

根据《最高人民法院关于审理交通肇事刑事案件具体应用法律若干问

题的解释》中的“交通运输肇事后逃逸”，是指行为人在交通运输肇事中具有以下情形并为逃避法律追究而逃跑的行为：（1）死亡1人或者重伤3人以上，负事故全部或者主要责任的；（2）死亡3人以上，负事故同等责任的；（3）造成公共财产或者他人财产直接损失，负事故全部或者主要责任，无能力赔偿数额在30万元以上的；（4）酒后、吸食毒品后驾驶机动车辆致1人以上重伤，负事故全部或者主要责任的；（5）无驾驶资格驾驶机动车辆致1人以上重伤，负事故全部或者主要责任的；（6）明知是安全装置不全或者安全机件失灵的机动车辆而驾驶致1人以上重伤，负事故全部或者主要责任的；（7）明知是无牌证或者已报废的机动车辆而驾驶致1人以上重伤，负事故全部或者主要责任的；（8）严重超载驾驶致1人以上重伤，负事故全部或者主要责任的。

行为人在交通肇事后为逃避法律追究，将被害人带离事故现场后隐藏或者遗弃，致使被害人无法得到救助而死亡或者严重残疾的，应当分别以故意杀人罪或者故意伤害罪定罪处罚。

7. 对于交通肇事罪的共犯如何认定？

交通肇事后，单位主管人员、机动车辆所有人、承包人或者乘车人指使肇事人逃逸，致使被害人因得不到救助而死亡的，以交通肇事罪的共犯论处。但是，单位主管人员、机动车辆所有人或者机动车辆承包人指使、强令他人违章驾驶造成重大交通事故的，以交通肇事罪定罪处罚。

8. 如何区分本罪与故意杀人罪？

交通肇事罪与故意杀人罪的区别主要体现在主观目的和客观行为上。行为人在交通肇事后为逃避法律追究，将被害人带离事故现场后隐藏或者遗弃，致使被害人无法得到救助而死亡或者严重残疾的，应当分别以故意杀人罪或者故意伤害罪定罪处罚。交通肇事罪（逃逸致人死亡）仅有消极的不救助行为；而故意杀人或伤害罪行为有积极行为，将被害人“带离”事故现场后隐藏或者遗弃，致使被害人无法得到救助，因为遗弃、隐藏，使被害人处于孤立无援的境地。注意，对这种情形在不能证实具有直接故意的情况下，如果事实上没有发生“死亡或者严重残疾”结果的，不应按照故意杀人罪、故意伤害罪的未遂罪处罚。

9. 如何区分本罪与以危险方法危害公共安全罪?

如果故意使用驾车撞人的方法，在公共场所故意撞死撞伤多人的，应定以危险方法危害公共安全罪。另外，故意使用驾车的方式杀害、伤害特定人的，以故意杀人罪、故意伤害罪定罪处罚。

10. 对于在公共交通管理的范围外，因使用交通工具致人死亡的行为如何定性?

《最高人民法院关于审理交通肇事刑事案件具体应用法律若干问题的解释》第8条第2款规定，在公共交通管理的范围外，驾驶机动车辆或者使用其他交通工具致人伤亡或者致使公共财产或者他人财产遭受重大损失，构成犯罪的，分别依照刑法第134条、第135条、第233条规定处罚。即应当根据实际情况，分别以重大责任事故罪、重大劳动安全事故罪、过失致人死亡罪论处。比如，行为人在未开通的高速公路上飙车，发生交通事故致人死亡的，因为正在修建的高速公路不属于公共交通管理的范围，对行为人不应按交通肇事罪追究刑事责任，但可按刑法第233条的规定以过失致人死亡罪追究刑事责任。

【典型案例】

2008年7月4日20时30分许，李某无证驾驶鲁H05432号小型客车，沿松原市宁江区平安大街由南向北行驶至江边路段时，将正在横过街路的高某某当场撞死，而后驾车逃逸。经法医鉴定，被害人高某某系车祸致重度颅脑损伤而死。法院根据刑法第133条、第36条的规定，判决李某犯交通肇事罪，判处有期徒刑4年6个月。

【专家评析】

近年来，随着我国汽车交通运输业的发展，交通肇事案件呈逐年上升趋势，交通肇事罪也成为当今社会一种常发的严重犯罪。交通肇事罪，是指违反交通运输管理法规，因而发生重大事故，致人重伤、死亡或者使公私财产遭受重大损失的行为。

本案中，李某违反交通运输管理法规，无证驾驶。对于无证驾驶，李某是故意的，但对于发生交通事故，致人重伤甚至死亡，李某应当预见却未预见。所以，李某具有主观上的过失。过失犯罪必须有危害结果的出现才能定罪处罚，而本案正是由于李某的过失导致被害人高某某的死亡，李某构成交通肇事罪。同时，李某在交通肇事后逃逸，符合交通肇事后为逃避法律追究而逃逸的规定，因此李某交通肇事罪成立且由于逃逸行为的存在，应判处3年以上7年以下有期徒刑。

【法条指引】

中华人民共和国刑法

第一百三十三条 违反交通运输管理法规，因而发生重大事故，致人重伤、死亡或者使公私财产遭受重大损失的，处三年以下有期徒刑或者拘役；交通运输肇事后逃逸或者有其他特别恶劣情节的，处三年以上七年以下有期徒刑；因逃逸致人死亡的，处七年以上有期徒刑。

最高人民法院关于审理交通肇事刑事案件具体应用法律若干问题的解释

为依法惩处交通肇事犯罪活动，根据刑法有关规定，现将审理交通肇事刑事案件具体应用法律的若干问题解释如下：

第一条 从事交通运输人员或者非交通运输人员，违反交通运输管理法规发生重大交通事故，在分清事故责任的基础上，对于构成犯罪的，依照刑法第一百三十三条的规定定罪处罚。

第二条 交通肇事具有下列情形之一的，处三年以下有期徒刑或者拘役：

（一）死亡一人或者重伤三人以上，负事故全部或者主要责任的；

（二）死亡三人以上，负事故同等责任的；

（三）造成公共财产或者他人财产直接损失，负事故全部或者主要责任，无能力赔偿数额在三十万元以上的。

交通肇事致一人以上重伤，负事故全部或者主要责任，并具有下列情形之一的，以交通肇事罪定罪处罚：

（一）酒后、吸食毒品后驾驶机动车辆的；

（二）无驾驶资格驾驶机动车辆的；

（三）明知是安全装置不全或者安全机件失灵的机动车辆而驾驶的；

（四）明知是无牌证或者已报废的机动车辆而驾驶的；

（五）严重超载驾驶的；

（六）为逃避法律追究逃离事故现场的。

第三条 “交通运输肇事后逃逸”，是指行为人具有本解释第二条第一款规定和第二款第（一）至（五）项规定的情形之一，在发生交通事故后，为逃避法律追究而逃跑的行为。

第四条 交通肇事具有下列情形之一的，属于“有其他特别恶劣情节”，处三年以上七年以下有期徒刑：

（一）死亡二人以上或者重伤五人以上，负事故全部或者主要责任的；

（二）死亡六人以上，负事故同等责任的；

（三）造成公共财产或者他人财产直接损失，负事故全部或者主要责任，无能力赔偿数额在六十万元以上的。

第五条 “因逃逸致人死亡”，是指行为人在交通肇事后为逃避法律追究而逃跑，致使被害人因得不到救助而死亡的情形。

交通肇事后，单位主管人员、机动车辆所有人、承包人或者乘车人指使肇事人逃逸，致使被害人因得不到救助而死亡的，以交通肇事罪的共犯论处。

第六条 行为人在交通肇事后为逃避法律追究，将被害人带离事故现场后隐藏或者遗弃，致使被害人无法得到救助而死亡或者严重残疾的，应当分别依照刑法第二百三十二条、第二百三十四条第二款的规定，以故意杀人罪或者故意伤害罪定罪处罚。

第七条 单位主管人员、机动车辆所有人或者机动车辆承包人指使、强令他人违章驾驶造成重大交通事故，具有本解释第二条规定情形之一的，以交通肇事罪定罪处罚。

第八条 在实行公共交通管理的范围内发生重大交通事故的，依照刑法第一百三十三条和本解释的有关规定办理。

在公共交通管理的范围外，驾驶机动车辆或者使用其他交通工具致人伤亡或者致使公共财产或者他人财产遭受重大损失，构成犯罪的，分别依照刑法第一百三十四条、第一百三十五条、第二百三十三条等规定定罪处罚。

第九条 各省、自治区、直辖市高级人民法院可以根据本地实际情况，在三十万元至六十万元、六十万元至一百万元的幅度内，确定本地区执行本解释第二条第一款第（三）项、第四条第（三）项的起点数额标准，并报最高人民法院备案。

▶ 三十七、危险驾驶罪

【宣讲要点】

1. 什么是危险驾驶罪？该罪的犯罪构成要件是什么？

危险驾驶罪，是指在道路上驾驶机动车追逐竞驶，情节恶劣的行为，或者在道路上醉酒驾驶机动车的行为。

本罪的构成要件是：侵犯的客体为公共安全。危险驾驶的行为危及到公共安全，给公共安全带来了潜在的危险，即对不特定多数人的生命、身体或者财产的危险。客观方面表现为在道路上醉酒驾驶机动车，或者在道路上驾驶机动车追逐竞驶且情节恶劣。犯罪主体是一般主体，即负完全刑事责任的自然人。主观方面表现为故意，即明知自己在道路上醉酒驾驶机动车或者在道路上驾驶机动车追逐竞驶的行为危害到公共安全而希望或放任这种状态的发生。基于生活经验，一个具有正常思维的人应当意识到醉酒驾驶和驾驶机动车追逐竞驶会对周围不特定人的生命、健康和财产安全造成威胁，因此应当采用各种方法避免这种行为的发生。

2. 危险驾驶的具体表现有哪些？

危险驾驶具体表现为违反道路交通安全管理法规，在道路上驾驶机动车追逐竞驶，情节恶劣，或者在道路上醉酒驾驶机动车。前者是指行为人为逞强好胜而追赶其他机动车辆和非机动车辆或者竞驾者之间为分出高低而互相追逐；后者是指车辆驾驶者血液中酒精含量大于或等于80mg/100ml或呼气酒精浓度大于或等于0.3636mg/L。

3. 危险驾驶罪立案追诉标准是什么？

行为人具备违规赶超他人的故意且情节恶劣的及经检验驾驶人血液酒精含量达到醉酒驾驶机动车标准的，一律以涉嫌危险驾驶罪立案侦查。对当事人被查获后，为逃避法律追究，在呼气酒精测试或者提取血样前又饮酒，经检验其血液酒精含量达到醉酒驾驶机动车标准的，应当立案侦查。当事人经呼气酒精测试达到醉酒驾驶机动车标准，在提取血样前脱逃的，以呼气酒精含量为依据立案侦查。

4. 对危险驾驶罪如何处罚？

犯危险驾驶罪的，处拘役，并处罚金。

5. 是否在道路上驾驶机动车追逐竞驶的行为一律以本罪论处？

根据刑法第133条之一第1款的规定，在道路上驾驶机动车追逐竞驶的行为，只有“情节恶劣”的才构成犯罪。所谓“情节恶劣”，在司法实践中一般是指有下列情形之一的行为：（1）酒后、吸食毒品后在道路上驾驶机动车追逐竞驶的；（2）无驾驶资格在道路上驾驶机动车追逐竞驶的；（3）驾驶非法改装的机动车在道路上追逐竞驶的；（4）以超过规定时速50%的速度在道路上追逐竞驶的；（5）3人以上或者3次以上追逐竞驶的；（6）追逐竞驶引起交通严重堵塞或者公众恐慌的；（7）使用伪造、变造或者其他机动车号牌，或者故意遮挡、污损、不按规定安装机动车号牌的；（8）因追逐竞驶或者飙车受过行政处罚或者刑事追究，又在道路上追逐竞驶的；（9）其他应当认定为情节恶劣的情形。

6. 如何区分本罪与以危险方法危害公共安全罪？

危险驾驶罪与以危险方法危害公共安全罪存在许多相似之处，两者都是故意犯罪，都为刑法分则第二章中的罪名，侵害的客体是公共安全，且性质上同属于危险犯，这使得对它们的区分并非易事。而要准确区分危险驾驶罪与以危险方法危害公共安全罪，关键是要认定危险驾驶行为是否属于以危险方法危害公共安全罪中的“其他危险方法”。这是因为，危险驾驶罪在犯罪形态上属于抽象危险犯而非具体危险犯；而以危险方法危害公共安全罪在犯罪形态上属于具体危险犯，要求行为人实施了与放火、决水、爆炸、投放危险物质的危害性相当的，足以造成不特定多数人伤亡或者使公私财产遭受重大损失的其他危害公共安全的行为。

7. 如何区分本罪与交通肇事罪？

从犯罪构成要件上看，交通肇事罪是由违章驾驶行为（如闯红灯、超速驾驶、酒后驾车等）和致人死伤或者重大财产损失的损害结果所构成，行为人对危害结果的发生只能持过失的主观心理状态。但是，对于违章驾驶的主观态度，则既可能是过失，也可能是故意。危险驾驶罪中的醉酒驾驶便属于交通肇事罪中的违章驾驶行为。二罪的区别在于：（1）醉驾构成危险驾驶罪是一种危险犯，交通肇事罪是一种结果犯，因此，若醉驾没有造成任何危害结果或者造成的危害结果小于交通肇事罪所要求的结果，则按照危险驾驶罪定罪处罚；（2）若醉驾行为造成的危害结果符合交通肇事罪的构成要件关于后果的要求，且行为人对危害结果仅有过失时，应按交通肇事罪处理。因为此种情形下，出现的危害结果已经超出了危险驾驶罪的构成要件范围，自然没有其适用的余地，醉驾行为成立，危险驾驶罪与交通肇事罪的想象竞合犯，只能从重处罚，以交通肇事罪来定罪量刑。

【典型案例】

2012 年 10 月 17 日 14 时 10 分左右，蔡某在未携带驾驶证的情况下，醉酒后驾驶未经年检的牌号为沪 CAE79X 微型普通客车，沿崇明县某公路由南向北行驶至某公路路口处时，被正在该处执勤的交通民警拦停，经对蔡某进行酒精测试，其酒精含量为 114mg/100ml，涉嫌醉酒驾驶机动车。经司法鉴定科学技术研究所司法鉴定中心对蔡某抽取的血样进行检验，其血液中乙醇含量为 1.07mg/L。蔡某到案后对其在道路上醉酒驾驶机动车的行为供认不讳。法院判处蔡某犯危险驾驶罪，拘役 1 个月，宣告缓刑 2 个月，并处罚金人民币 1000 元。

【专家评析】

危险驾驶罪，是指在道路上驾驶机动车追逐竞驶，情节恶劣的行为，或者在道路上醉酒驾驶机动车的行为。本罪有两种表现方式：一是行为人为逞强好胜而追赶其他机动车辆和非机动车辆或者竞驾者之间为分出高低而互相追逐；二是车辆驾驶者血液中酒精含量大于或等于80mg/100ml或呼气酒精浓度大于或等于0.3636mg/L。

本案中蔡某作为车辆驾驶者，其血液中酒精含量为114mg/100ml，且其血液中乙醇含量为1.07mg/L，远远超出法律规定的标准，已经达到醉酒驾驶标准，会对周围不特定人的生命、健康和公私财产安全造成威胁，而蔡某是具有正常思维的人，明知自己在道路上醉酒驾驶机动车行为危害到公共安全而希望或放任这种状态的发生。本案中蔡某虽无证驾驶，但未造成严重后果，不成立交通肇事罪，应依危险驾驶罪定罪处罚。

【法条指引】

中华人民共和国刑法

第一百三十三条之一[①] 在道路上驾驶机动车追逐竞驶，情节恶劣的，或者在道路上醉酒驾驶机动车的，处拘役，并处罚金。

有前款行为，同时构成其他犯罪的，依照处罚较重的规定定罪处罚。

▶ 三十八、重大责任事故罪

【宣讲要点】

1. 什么是重大责任事故罪？该罪的犯罪构成要件是什么？

重大责任事故罪，是指在生产、作业中违反有关安全管理的规定，或

---

① 本条由2011年2月25日《中华人民共和国刑法修正案（八）》第22条增订。

者强令他人违章冒险作业，因而发生重大伤亡事故或者造成其他严重后果的行为。

本罪的构成要件是：侵犯的客体是各类厂矿企业、事业单位、经营体的生产、作业安全。在生产过程中出现一点问题，都有可能导致正常生产秩序被破坏，甚至发生重大伤亡事故，造成财产损失。生产安全也是公共安全的重要组成部分，危害生产安全同样会使不特定多数人的生命、健康或者公私财产遭受重大损失。客观方面表现为在生产、作业中违反有关安全管理的规定，因而发生重大伤亡事故或者造成其他严重后果的行为。根据刑法修正案（六）第1条之规定，本罪的构成以行为人实施违反有关安全管理的规定的行为为前提条件；而且必须是在生产、作业过程中实施了违反安全管理规定的行为。本罪是结果犯，只有当违反安全管理规定的行为造成了重大伤亡事故或者造成了其他严重后果的，才能以本罪论处。根据最高人民法院、最高人民检察院2007年2月28日联合发布的《关于办理危害矿山生产安全刑事案件具体应用法律若干问题的解释》，发生矿山生产安全事故，具有下列情形之一的，应当认定为刑法第134条规定的“重大伤亡事故或者其他严重后果”：（1）造成死亡1人以上，或者重伤3人以上的；（2）造成直接经济损失100万元以上的；（3）造成其他严重后果的情形。需要注意的是，在生产、作业过程中虽然实施了违反规章制度的行为，造成了重大安全隐患，但由于及时发现隐患并有效排除，没有实际造成人员伤亡或者其他严重后果的，不能以本罪论处。犯罪主体是一般主体，即任何人只要在生产、作业的过程中违反安全管理的规定，均可以成为本罪主体。[①] 主观方面表现为过失，即应当知道自己违反安全管理规定生产、作业或强令他人违章冒险作业的行为可能会造成重大伤亡事故或者其他严重后果，但因为疏忽大意而没有预见；或者虽然已经预见，但轻信能够避免，因而造成重大事故。

---

① 实际上，要构成重大责任事故罪，其主体必须是从事某项“业务”的人，主体特征仍然是客观存在的。刑法修正案（六）中“在生产、作业中”的界定性表述，正是对主体身份的明确要求。

2. 重大责任事故的具体表现有哪些？

重大责任事故首先表现为“不服管理”或“违反规章制度”。所谓“不服管理”，是指从事生产、施工、作业等工作的人员不服从本单位管理人员的管理，或者不服从本单位领导出于安全生产考虑对工作的安排。所谓“违反规章制度”，是指行为人违反国家颁布的各类有关安全生产的法律、法规或企事业单位及其上级管理机关制定的反映安全生产客观规律并涉及工艺技术、生产操作、技术监督、劳动保护、安全管理等方面的规章、制度等。其次，必须发生了重大伤亡事故或者造成其他严重后果。无重大伤亡事故或其他严重后果则不能认定为重大责任事故。

3. 重大责任事故案的立案标准是什么？

在生产、作业中违反有关安全管理的规定，涉嫌下列情形之一的，应予立案追诉：（1）造成死亡 1 人以上，或者重伤 3 人以上；（2）造成直接经济损失 50 万元以上的；（3）发生矿山生产安全事故，造成直接经济损失 100 万元以上的；（4）其他造成严重后果的情形。

4. 对重大责任事故罪如何处罚？

犯重大责任事故罪的，处 3 年以下有期徒刑或者拘役；情节特别恶劣的，处 3 年以上 7 年以下有期徒刑。

5. 如何区分重大责任事故与自然事故？

自然事故是指自然原因而引起的事故，这种自然原因不以人们的意志为转移，非人力所能控制，因而行为人对于由于自然原因所造成的损害结果，客观上没有因果关系，主观上没有罪过，不应对其承担刑事责任。自然事故有两种情形：一是意外事件引起的自然事故，行为人对于危害结果没有预见，在当时情况下也不可能预见。二是不可抗力引起的自然事故，行为人对于危害结果已经预见，在当时情况下不可避免。在区分重大责任事故与自然事故的时候，关键应当查明：（1）是否存在违章行为，自然事故往往与违章行为无关。在没有违章行为的情况下可以排除重大责任事故。（2）是否存在着主观过失，自然事故是超出人们的主观意志的，属于意外事件与不可抗力。在司法实践上，造成了重大损害结果，并非都属于重大责任事故，只有在排除自然事故的情况下，根据行为人的主观与客观情况，才能认定其行为是否构成重大责任事故罪。因此，重大责任事故与自然事故之区分，乃是罪与非罪之区分。

6. 技术事故属于重大责任事故吗?

技术事故是指因技术设备条件不良而发生的事故。技术事故是技术设备条件造成的，因而具有不可避免性，并非所有由于设备原因引起的事故都是技术事故。因为设备是由人操作的，同样也是由人护理的，如果设备出现障碍，操作者或者护理者应当发现而未能发现，造成重大事故的，仍然应以重大责任事故罪论处。只有在事故是由设备原因引起并且是在人所不能预见或者不能避免的情况下发生，才能定为技术事故。

7. 如何区分发生在交通运输领域的重大责任事故罪与交通肇事罪?

交通肇事罪是指违反交通运输管理法规，因而发生重大事故，致人重伤、死亡或者使公私财产遭受重大损失的行为。重大责任事故罪是指在生产、作业中违反有关安全管理的规定，因而发生重大伤亡事故或者其他严重后果的行为。在交通运输领域，如果行为人违反交通运输管理法规，发生重大伤亡事故或者使公私财产遭受重大损失的，可能同时构成重大责任事故罪和交通肇事罪。那么，二罪的关系如何?在司法实践中如何进行区分呢?

关于二者的关系，一般认为，重大责任事故罪与从事交通运输的企业、事业单位职工所犯交通肇事罪具有法条竞合关系，其他人员犯交通肇事罪的，则与重大责任事故罪没有关系。重大责任事故罪与交通肇事罪由于所构成的范围不同，因此，在某些情况下，例如，在厂矿、学校或者其他单位发生汽车肇事的，到底是定重大责任事故罪还是定交通肇事罪，社会存在争议。对此，我国刑法学界存在场所论与业务论之争。场所论认为，在这种情况下，重大责任事故罪与交通肇事罪的区分应以肇事场所为标准，即事故发生在厂矿企业内的为重大责任事故；发生在厂矿企业外的场所，则为交通肇事罪。业务论认为，在这种情况下，重大责任事故罪与交通肇事罪的区分应以从事业务的性质为标准，即着重注意事故是否发生在特定的生产线上，发生在特定的生产线上的，应定重大责任事故罪；不是发生在特定的生产线上而是发生在交通线上的，则应定交通肇事罪。对此，可以借鉴《最高人民检察院关于在厂（矿）区内机动车造成伤亡事故的犯罪案件如何定性处理问题的批复》精神，对在厂（矿）区内机动车作业期间发生的伤亡事故案件，根据不同情况区别对待：在公共交通管理范围内，因违反交通运输规章制度，发生重大事故，应按交通肇事罪处理；违反安全生产规章制度，发生重大伤亡事故，造成严重后果的，应按重大责任事故罪处理；在公共交通管理范围外发生的，应当定为重大责任事故罪。

8. 本罪对企业性质及从业人员是否有一定要求?

刑法规定重大责任事故罪，目的在于惩治那些严重危害企业、事业单位正常的生产、作业安全秩序的行为。无论是依法成立的企业、事业单位还是非法成立的企业、事业单位的职工，无论是公有制企业、事业单位还是私有制企业、事业单位的职工，违反规章制度造成人员伤亡或重大财产损失的行为，都是对企业、事业单位正常的生产、作业安全秩序的破坏，行为性质是完全一样的，对同样性质的危害行为应进行同样的法律评价是刑法面前人人平等原则的基本要求。因此不管是否属于依法成立的企业、事业单位，也不管企业、事业单位的所有制性质如何，只要客观上属于企业、事业单位，其职工就可以成为本罪的主体。个体企业中的从业人员是否成为本罪的主体，在理论和实践上存在着不同的看法。为适应新形势的需要，最高人民法院和最高人民检察院专门规定，群众合作经营组织、个体经营户的主管负责人和从业人员也属于重大责任事故罪的犯罪主体。最高人民检察院还规定无证开采的小煤矿从业人员在施工过程中强令其他从业人员违章冒险作业，造成重大责任事故的，亦应构成重大责任事故罪的主体。

【典型案例】

2012 年年初，某公司业务主管吴某在未审核建筑施工资质、未办理施工许可证的情况下，与秦某签订工程合同，由秦某公司承建上海某电器有限公司（以下简称“某公司”）的门卫间改建工程。之后，姚某作为秦某公司的现场施工负责人招募了蔡某、刘某等施工人员至上海市浦东新区某路 4388 号某公司施工现场，在未对蔡某等施工人员进行安全技术培训的情况下，即安排蔡某等人进场施工。同年 3 月 29 日上午，姚某安排没有取得高处作业操作证的刘某等人在二层顶（约9.5米高）处铺设钢结构楼层板，刘某不慎坠落至地面，致颅脑损伤而死亡。事发后，与被害人家属达成了赔偿协议。法院经审理，认定秦某犯重大责任事故罪，判处有期徒刑9个月，缓刑1年；姚某犯重大责任事故罪，判处有期徒刑9个月，缓刑1年；吴某犯重大责任事故罪，判处拘役6个月，缓刑6个月。

【专家评析】

近年来，随着中国经济社会的快速发展，各类重大责任事故频发，给人们的正常生活及生命安全造成了极大的危险，对国家、企业及个人造成了巨大的经济损失，严重影响社会秩序、生产秩序及生活秩序，增加了社会的不稳定因素，已引起党和政府的高度重视。我国刑法对于重大责任事故罪的规定，对有效惩治重大责任事故犯罪和保障企业生产、作业安全具有重要意义。

所谓重大责任事故罪，是指在生产、作业中违反有关安全管理的规定，或者强令他人违章冒险作业，因而发生重大伤亡事故或者造成其他严重后果的行为。本案中，作为公司主管建筑工程的负责人，吴某违反建筑安全管理的相关规定，在未审核建筑施工资质、未办理施工许可证的情况下，即与秦某的公司签订门卫间改建工程合同，因而发生重大伤亡事故，依照刑法第134条第1款的规定，应当以重大责任事故罪论处。同样道理，秦某违反规定，不具备安全生产资质即签订建筑施工合同；姚某违反规定，安排没有取得高处作业操作证的刘某等人进行高处施工，两人均有违反有关安全管理规定的行为，因而发生了重大伤亡事故。因此，依法同样应当以重大责任事故罪论处。

【法条指引】

中华人民共和国刑法

第一百三十四条第一款[①] 在生产、作业中违反有关安全管理的规

① 本条经2006年6月29日《中华人民共和国刑法修正案（六）》第1条第1款修订。

定，因而发生重大伤亡事故或者造成其他严重后果的，处三年以下有期徒刑或者拘役；情节特别恶劣的，处三年以上七年以下有期徒刑。

▶ 三十九、重大劳动安全事故罪

【宣讲要点】

1. 什么是重大劳动安全事故罪？该罪的犯罪构成要件是什么？

重大劳动安全事故罪，是指安全生产设施或者安全生产条件不符合国家规定，因而发生重大伤亡事故或者造成其他严重后果的行为。

本罪的构成要件是：侵犯的客体是工厂、矿山、林场、建筑企业或者其他企业、事业单位的劳动安全，即劳动者的生命、健康和重大公私财产的安全。在客观方面表现为厂矿等企业、事业单位的劳动安全设施不符合国家规定，经有关部门或单位职工提出后，仍不采取措施，因而发生重大伤亡事故或者造成其他严重后果的行为。本罪的主体为特殊主体，即单位中对排除事故隐患，防止事故发生负有职责义务的主管人员和其他直接责任人员。对排除事故隐患，防止事故发生负有职责义务的主管人员和其他直接责任人员，通常是指用人单位的法定代表人、厂长、经理、主管劳动安全和劳动卫生的副厂长、副经理，以及直接负责有关劳动安全和劳动卫生工作的安全员、电工等。由于国家工作人员失职造成重大事故的，可以以渎职罪追究处罚，本罪的主体中不包括国家工作人员。本罪在主观方面表现为过失，有关直接责任人员在主观心态上只能表现为过失。所谓过失，是指有关直接责任人员在主观意志上并不希望发生事故。对于单位存在事故隐患，有关直接责任人明知或者应该知道的，有的甚至是经劳动行政部门或者其他有关部门多次责令改正而未改正。

2. 重大劳动安全事故的具体表现有哪些？

重大劳动安全事故具体表现为以下三个相互关联的方面：

首先，厂矿等企业、事业单位的劳动安全设施不符合国家规定，存在事故隐患。所谓劳动安全设施，是指为了防止和消除在产过程中的伤亡事故，防止生产设备遭到破坏，用以保障劳动者安全的技术设备、设施和各种用品。主要有：（1）防护装置，即用屏护方法使人体与生产中危险部分相隔离的装置；（2）保险装置，即能自动消除生产中由于设备事故和部件损害而引起的人身事故危害的装置，如安全阀、自动跳闸、卷扬限制器等；（3）信号装置，即应用信号警告、预防危险的装置，如信号灯、电器指示灯等；（4）危险牌示和识别标志，即危险告示标志和借助醒目颜色或图形判断是否安全的标志。劳动安全设施必须符合国家规定，即符合国家立法机关、生产主管部门制定、颁布的一系列保障安全生产、保护劳动者人身安全和合法权益的法律、法规和规章制度中规定的标准。事故隐患是指由于劳动安全设施不符合国家规定而潜藏着的发生事故的苗头、祸患，仅限于劳动安全设施方面的事故隐患。如未给在有危害健康的气体、蒸气或者粉尘的场所操作的工人发口罩、防护眼镜和防毒面具的；未给在有噪音、强光辐射热和飞溅火花碎片、刨屑的场所操作的工人发护耳器、防护眼镜、面具或帽盔的；未给从事电器操作的人发绝缘革化、绝缘手套的；未给在高空作业的工人配备安全带的；机器设备的危险部分未安装防护装置的；压力机械的施压部分未安装安全装置的；电气设备和线路的绝缘性能不佳，电器设备未设必要的可熔保险器或自动开关的；车间或者工作地点所含游离二氧化硅 10% 以上的粉尘高于每立方米 2 毫克，对散发有害健康的蒸气、气体的设备未严加紧闭的等。厂矿企事业单位的劳动安全设施不符合国家规定，存在事故隐患是发生重大劳动安全事故的直接原因，也是构成本罪的前提条件；如果重大事故的发生并不是由于劳动安全设施不符合国家规定，而是由于其他原因如有人故意破坏、放火等引起的，则不构成重大劳动安全事故罪。

其次，经有关部门或者单位职工提出后，对事故隐患仍不采取措施。这里的有关部门是指上级主管部门或者对劳动安全具有行政管理责任的其他部门。本罪的构成必须以经有关部门或者单位职工提出为条件。如果有关部门或单位职工没有提出事故隐患，行为人因而没有采取措施的，不成立重大劳动安全事故罪。这里的对事故隐患不采取措施，既包括对事故隐患视而不见，不采取任何排除隐患的措施；也包括对生产安全不重视，敷衍塞责，虽然对事故隐患采取了一些措施，但这些措施并没有真正落实，或者虽然落实，但由于采取的措施不得力或不正确，而并不足以消除事故隐患，事故隐患仍然存在。对事故隐患不采取措施的行为是一种不作为。行为人作为厂矿等企业、事业单位负责劳动安全的人员，负有保证安全生产的职责，行为人却不履行职责，对严重威胁生产安全的事故隐患不采取措施，以致发生重大事故，从而使其行为具有严重的社会危害性，构成不作为犯罪。

最后，发生了重大伤亡事故或者造成了其他严重后果。所谓重大伤亡事故，根据司法解释，是指死亡1人以上或者重伤3人以上的事故。其他严重后果，是指造成了重大经济损失，或者造成了重大政治影响，或者引起单位职工强烈不满，导致罢工、停产等。

3. 重大劳动安全事故案的立案标准是什么？

安全生产设施或者安全生产条件不符合国家规定，涉嫌下列情形之一的，应予立案追诉：（1）造成死亡1人以上，或者重伤3人以上；（2）造成直接经济损失50万元以上的；（3）发生矿山生产安全事故，造成直接经济损失100万元以上的；（4）其他造成严重后果的情形。

4. 对重大劳动安全事故罪如何处罚？

犯重大劳动安全事故罪的，处3年以下有期徒刑或者拘役；情节特别恶劣的，处3年以上7年以下有期徒刑。

5. 如何区分本罪与重大责任事故罪？

两罪均为过失犯罪，其最主要的区别在于：（1）客观方面表现不同。本罪必须具备对事故隐患不采取措施的行为，且这种事故隐患是不符合国家有关劳动安全的规定造成的，而重大责任事故罪主要是企事业单位职工违反规章制度。（2）犯罪主体不同。本罪是单位犯罪，个人作为单位的负责者承担责任，而重大责任事故罪是个人犯罪，由本人直接承担责任。

6. 如何准确认定本罪与玩忽职守罪？

重大劳动安全事故罪与玩忽职守罪都是由于行为人未尽职责或不正确履行职责而构成的犯罪。两者主要有以下共同之处：（1）在主观上均表现为过失，包括疏忽大意的过失和过于自信的过失；（2）犯罪主体均为特殊主体，都要求具备法定身份；（3）犯罪客观方面都可以以不作为方式构成犯罪；（4）两罪的构成都要求法定危害结果的发生。

两者的区别主要体现在以下几个方面：

（1）侵犯的客体不同。重大劳动安全事故罪侵犯的客体是工厂、矿山、林场、建筑企业或者其他企业、事业单位的劳动安全，即劳动者的生命、健康和重大公私财产的安全，属于危害公共安全的犯罪；玩忽职守罪侵犯的客体是国家机关的正常管理活动，属于渎职犯罪。

（2）犯罪客观方面表现不同。重大劳动安全事故罪具体表现为厂矿等企业、事业单位的劳动安全设施不符合国家规定，经有关部门或单位职工提出后，对事故隐患仍不采取措施，致使发生重大伤亡事故或造成其他严重后果；玩忽职守罪则表现为国家机关工作人员玩忽职守，不履行或者不正确履行职责，致使公共财产、国家和人民利益遭受重大损失。

（3）犯罪主体不同。尽管两者都是特殊主体，但重大劳动安全事故罪的犯罪主体是厂矿等企业、事业单位中负责劳动安全设施的直接责任人员；玩忽职守罪的犯罪主体为工作人员。

（4）犯罪发生的场合不同。重大劳动安全事故罪发生在生产、作业过程中；玩忽职守罪发生在国家机关工作管理职能的职务活动中。

【典型案例】

浙江省临安市安全生产监察大队青山湖中队派员对临安某设备厂进行安全生产检查，检查过程中要求对厂内存在的“移动电器未安装漏电保护器”等问题进行整改到位，及时消除安全隐患。陈某作为临安某设备厂厂长，是安全生产第一责任人，未按上述要求进行及时整改。程某作为临安某设备厂兼职电工，明知配电箱必须安装漏电保护器，并在接受安装漏电保护器的任务后，未按照要求在全部配电箱安装漏电保护器，导致该厂装配工王某在上班时，用两个裸露的线头到未安装漏电保护器的配电箱内插插座时触电死亡。案发后，程某为逃避责任，在事发的配电箱内补装了漏电保护器。法院依照刑法第 135 条、第 67 条第 3 款、第 72 条第 1 款、第 73 条第 2、3 款之规定，判决：陈某犯重大劳动安全事故罪，判处有期徒刑 1 年，缓刑 1 年 6 个月；判处程某犯重大劳动安全事故罪，判处有期徒刑 1 年，缓刑 1 年 6 个月。

【专家评析】

重大劳动安全事故罪侵犯的是劳动者的生命、健康和重大公私财产安全，表现为厂矿等企事业单位的劳动安全设施不符合国家规定，存在事故隐患，经有关部门或者单位职工提出后，相关责任者对事故隐患不采取排除隐患的措施或对生产安全不重视，敷衍塞责，虽然对事故隐患采取了一些措施，但这些措施并没有真正落实；或者虽然落实，但由于采取的措施不得力或不正确，并不足以消除事故隐患，事故隐患仍然存在并发生了重大伤亡事故或者造成了其他严重后果的行为。

本案中，被告人陈某和程某作为该工厂的厂长和电工，对用电安全负有主体责任。但是，二人在安检大队检查指出安全隐患并提出改进意见后，却没有采取任何整改措施，从而导致了事故的发生。主观上，二人对事故的发生具有过失，即应当预见的自己的不作为可能会导致安全事故的发生，因轻信能够避免而不作为。客观上，二人一个是厂长，对排除事故隐患，防止事故发生负有主管职责；另一个是电工，属于用电安全的直接责任人员。二人明知工厂劳动设施不符合国家规定，存在安全用电隐患，却不作为，以致发生了1人死亡的重大安全事故。根据刑法第135条的规定，应当以重大劳动安全事故罪论处。

【法条指引】

中华人民共和国刑法

第一百三十五条[①] 安全生产设施或者安全生产条件不符合国家规定，因而发生重大伤亡事故或者造成其他严重后果的，对直接负责的主管人员和其他直接责任人员，处三年以下有期徒刑或者拘役；情节特别恶劣的，处三年以上七年以下有期徒刑。

① 本条经2006年6月29日《中华人民共和国刑法修正案（六）》第2条修订。

▶ 四十、危险物品肇事罪

【宣讲要点】

1. 什么是危险物品肇事罪？该罪的犯罪构成要件是什么？

危险物品肇事罪，是指违反爆炸性、易燃性、放射性、毒害性、腐蚀性物品的管理规定，在生产、储存、运输、使用中，由于过失发生重大事故，造成严重后果的行为。

本罪的构成要件是：侵犯的客体是公共安全，即不特定多数人的生命、健康和重大公私财产的安全。犯罪对象是特定的，即能够引起重大事故的发生，致人重伤、死亡或使公私财产遭受重大损失的危险物品，包括爆炸性物品、易燃性物品、放射性物品、毒害性物品、腐蚀性物品等。客观方面表现为在生产、储存、运输、使用危险物品的过程中，违反危险物品管理规定，发生重大事故，造成严重后果的行为。犯罪主体为一般主体。从司法实践中案件情况看，主要是从事生产、储存、运输、使用爆炸性、易燃性、放射性、毒害性、腐蚀性物品的职工，但不排除其他人也可能构成本罪。主观方面表现为过失，即行为人对违反危险品管理规定的行为所造成的危害结果具有疏忽大意或者过于自信的主观心理。至于行为人对违反危险物品管理规定的本身则既可能出于过失，也可能出于故意。

2. 危险物品肇事的具体表现有哪些？

危险物品肇事是指行为人违反爆炸性、易燃性、放射性、毒害性、腐蚀性物品的管理规定，在生产方面，表现为不按规定要求设置相应的通风、防火、防爆、防毒、监测、报警、防潮、避雷、防静电、隔离操作等安全设施，如厂房、生产设备不符合防火、防爆规定而擅自生产爆炸易燃物品；在储存方面，表现为不按规定设人管理，不设置相应的防爆、泄压、防火、防雷、灭火、防晒、调温、消除静电、防护围堤等安全设施，如不以性能分类等安全规定存放货物；在运输方面，表现为违反有关规定，将客货混装不按规定分运、分卸、不限速行驶，货物的容器和包装不符合安全规定，不按规定选送押运员或押运员擅离职守；在使用方面，表现为不按规定的剂量、范围、方法使用或者不采取必要的防护措施等，并因此发生重大事故，造成严重后果。

3. 危险物品肇事案的立案标准是什么？

违反爆炸性、易燃性、放射性、毒害性、腐蚀性物品的管理规定，在生产、储存、运输、使用中发生重大事故，涉嫌下列情形之一的，应予立案追诉：（1）造成死亡1人以上，或者重伤3人以上；（2）造成直接经济损失50万元以上的；（3）其他造成严重后果的情形。

4. 对危险物品肇事罪如何处罚？

犯危险物品肇事罪的，处3年以下有期徒刑或者拘役；后果特别严重的，处3年以上7年以下有期徒刑。

5. 如何区分本罪与过失以危险方法危害公共安全罪？

二者的主要区别：（1）前者的主体主要是从事生产、储存、运输、使用危险物品的职工，即特殊主体；后者的主体是一般主体；（2）前者只限于发生在生产、储存、运输、使用危险物品的活动过程中；后者可发生在上述活动以外的任何场合；（3）前者严重后果的发生，是由违反有关管理规定引起的；后者是由于在日常生活中马虎草率、毛手毛脚、缺乏谨慎等引起的。

【典型案例】

某市百福烟花制造有限公司（以下简称百福公司）是一家生产盆花、火箭、喷花等烟花产品的企业。该公司有2个股东，股东杨某占55%的股份，担任公司董事长；股东周某占45%的股份，担任公司总经理兼法定代表人。自2005年2月至今，周某和杨某擅自决定分线生产，全公司110栋厂房中，杨某分得60栋、周某分得50栋，2人各自组织人员进行生产、销售，收入归各自所有。双方共同雇请了5人负责安全、接待、门卫等工作。公共费用按股份分摊。周某、杨某以百福公司名义于2007年2月26日聘请周某某为办公室主任兼管安全工作，聘期为1年，月工资1200元；2007年6月11日聘请李某为百福公司专职安全员，聘期为1年，月工资

800元。该公司对安全生产虽有一整套规章制度，但因为分线生产后，工房紧张，周某未经管理部门同意，擅自将第29栋原褙皮车间（C级车间）间隔成3小间，安排20多名工人在里面组装火箭烟花，20多名操作工包括车间主任毛某在内均未经政府安监部门培训考核合格即上岗生产。组装火箭烟花中有一道工序是装效果药包（经鉴定为烟火药），虽然厂方要求在第29栋车间第3小间工房进行（根据国家标准规定，装药、筑药应单人单栋进行），但因为生产任务紧（厂方承接了多家公司的火箭烟花生产订单）、生产人员多（厂方安排20多人在里面组装火箭烟花）、安全意识淡薄，操作工实际在第1、2小间工房装效果药包。李某对此提出过意见，要求操作工到第3小间装效果药包。但操作工以塑料件太重为由而实际仍在第1、2小间工房装效果药，车间主任毛某对此同意，李某也予以默许。2007年8月29日早7时许，百福公司员工陆续进入各自车间开始进行生产作业。9时30分许，周某在组装火箭烟花时先装效果药，然后用纸团封盖，因操作不慎，引发手中火箭烟花的升空配件（火箭药筒）爆炸，诱爆了工房内的药包、火箭烟花半成品，导致该工作间大爆炸，致使同一工作间作业的陈某被烧死，陈某某、李一、李二、杨某、陶某被炸伤和烧伤。工房的爆炸致使整个房间整体倒塌、屋顶被炸毁。第29号工房爆炸将工房内存放的火箭烟花半成品引燃后向厂区内各工（库）房飞散，导致对面的第31号药饼中转库和第27号化工原材料中转库相继爆炸，致使第27、29、31、32、33、34号工（库）房被炸毁，第28、53、54、55、56、57号工房及新修未验收的2栋库房的屋面、墙面不同程度的损毁，并引发第28、55、56号工房起火。爆炸发生后，第28栋、第29栋工房内的操作工人四处逃跑，其中第29栋工房的操作工李三逃至第33栋药饼中转库过道时被当场炸死。另有23名工人受伤。整个爆炸造成操作工周某、陈某、李三3人当场死亡，操作工陶某、李二、陈某某、李一、徐某5人经抢救无效在医院相继死亡，另有18人不同程度受伤。爆炸并造成该公司周围民房共计277户门窗、玻璃不同程度受损。某市人民法院依据刑法第136条、第72条第1款，第73条第2、3款之规定，判决：周某犯危险物品肇事罪，判处有期徒刑3年，宣告缓刑5年。

【专家评析】

本案的焦点在于是爆炸罪还是危险物品肇事罪，两者的主要区别爆炸的发生是行为人故意还是过失引起的。爆炸罪是故意使用爆炸方法，危害公共安全。而危险物品肇事罪则是违反爆炸性、易燃性、放射性、毒害性、腐蚀性物品管理规定，在生产、储存、运输、使用过程中发生重大事故，造成严重后果的行为，即行为人对违反管理规定的行为是明知故犯，但对于爆炸等危害结果的发生则是出于过失，而非故意。

本案中周某在生产烟花过程中，违反爆炸性物品的管理规定，生产厂房不合格且违反装药、筑药应单人单栋进行的规定，最终导致爆炸的发生，致使8人死亡及多人受伤的严重后果。但对于爆炸结果的发生周某是持排斥态度的，其主观心态是疏忽大意的过失。综合来讲，周某构成危险物品肇事罪。

【法条指引】

中华人民共和国刑法

第一百三十六条　违反爆炸性、易燃性、放射性、毒害性、腐蚀性物品的管理规定，在生产、储存、运输、使用中发生重大事故，造成严重后果的，处三年以下有期徒刑或者拘役；后果特别严重的，处三年以上七年以下有期徒刑。

▶ 四十一、工程重大安全事故罪

【宣讲要点】

1. 什么是工程重大安全事故罪？该罪的犯罪构成要件是什么？

工程重大安全事故罪，是指建设单位、设计单位、施工单位、工程监理单位违反国家规定，降低工程质量标准，造成重大安全事故的行为。

本罪的构成要件是：侵犯的客体是人民的财产和生命安全以及国家的

建筑管理制度。客观方面表现为违反国家规定，降低工程质量标准，造成重大安全事故的行为。违反国家规定而造成严重后果，是这种犯罪行为的本质特征。犯罪主体为特殊主体，即为单位犯罪。主体只能是建设单位、设计单位或者是施工单位及工程监理单位。主观方面表现为过失，可以是出于疏忽大意的过失，也可以是过于自信的过失。这里所说的过失，是指行为人对其行为所造成的危害结果的心理状态而言。但是，对行为人违反国家规定来说，有时却是明知故犯的。行为人明知是违反了国家规定，应当预见到可能发生严重后果，但因疏忽大意而没有预见，或者已经预见到会发生某种严重后果，但轻信能够避免，以致发生了严重后果。

2. 工程重大安全事故的具体表现有哪些?

工程重大安全事故的具体表现为违反国家规定，降低工程质量标准，造成重大安全事故的行为。所谓“国家规定”，是指国家有关建筑工程质量监督、管理方面的法律、法规。建设单位的违规行为主要有两种情况：（1）要求建筑设计单位或者施工企业压缩工程造价或增加建房的层数，从而降低工程质量；（2）提供不合格的建筑材料、构配件和设备，强迫施工单位使用，从而造成工程质量下降。建筑设计单位的违规行为主要是不按质量标准进行设计。建筑施工单位的违规行为主要有三种情况：一是在施工中偷工减料，故意使用不合格的建筑材料、构配件和设备；二是不按设计图纸施工；三是不按施工技术标准施工。

3. 工程重大安全事故案的立案标准是什么?

建设单位、设计单位、施工单位、工程监理单位违反国家规定，降低工程质量标准，涉嫌下列情形之一的，应予立案追诉：（1）造成死亡 1 人以上，或者重伤 3 人以上；（2）造成直接经济损失 50 万元以上的；（3）其他造成严重后果的情形。

4. 对工程重大安全事故罪如何处罚?

犯工程重大安全事故罪的，处 5 年以下有期徒刑或者拘役，并处罚金；后果特别严重的，处 5 年以上 10 年以下有期徒刑，并处罚金。

【典型案例】

2005年6月，任某与温某共同出资成立的成都市世隆建筑装饰工程有限公司，在无安全生产许可证的情况下，与某市锦江区人民政府东光街道办事处签订了一份工程承包合同，约定将新莲新苑左侧临街营业房及人行道环境综合整治工程，交由世隆公司进行施工，施工内容包括将临街58间营业房屋顶女儿墙砌高，向街面飞檐，采用钢架结构固定，铝扣板吊顶，并对店铺立面进行外墙粉刷装饰等。施工质量要求按照世隆公司前期提供的效果图施工，屋顶飞檐所使用材料及安全由世隆公司提供相应资料及安全承诺书。合同签订后，任某、温某找到潘某负责世隆公司承建的东光小区仿古披檐工程的施工。潘某在没有设计资格的情况下，凭着经验制作了钢木结构设计方案草图。工程开工后，世隆公司对工程所用材料均未严格审核。该工程于2005年7月竣工后交付使用。2007年4月9日13时许，世隆公司承建的东光街56号至128号营业房的仿古披檐装饰突然发生垮塌，致使在仿古披檐下方的群众10人死亡、13人受伤。后经鉴定，该工程事故主要原因是无设计，结构不合理，后加披檐抗倾覆能力不符合国家现行设计规范要求，施工质量差导致后加披檐垮塌。某市锦江区人民法院一审以工程重大安全事故罪分别判处潘某、任某、温某8年、7年和6年有期徒刑。

【专家评析】

为了坚决惩治和有效预防违反国家规定，降低工程质量标准，造成重大安全事故的行为，以保护人民群众生命财产安全和维护正常的建设施工秩序，刑法规定了工程重大安全事故罪。

工程重大安全事故罪，是指建设单位、设计单位、施工单位、工程监理单位违反国家规定，降低工程质量标准，造成重大安全事故的行为。本案中，世隆公司未按设计图纸施工，潘某无设计资格而设计建筑图纸，使用不合格的建筑材料、构配件和设备，造成工程质量下降且不按施工技术标准施工，导致仿古披檐装饰突然发生垮塌，致使在仿古披檐下方的群众

10 人死亡、13 人受伤。本罪为单位犯罪，但实行单罚制，因此应分别对潘某、任某、温某定罪量刑。

【法条指引】

中华人民共和国刑法

第一百三十七条 建设单位、设计单位、施工单位、工程监理单位违反国家规定，降低工程质量标准，造成重大安全事故的，对直接责任人员，处五年以下有期徒刑或者拘役，并处罚金；后果特别严重的，处五年以上十年以下有期徒刑，并处罚金。

▶ 四十二、教育设施重大安全事故罪

【宣讲要点】

1. 什么是教育设施重大安全事故罪？该罪的犯罪构成要件是什么？

教育设施重大安全事故罪，是指明知校舍或者其他教育设施有危险，而不采取措施或者不及时报告，致使发生重大伤亡事故的行为。

本罪的构成要件是：侵犯的客体是学校及其他教育机构的正常活动和师生员工的人身安全。客观方面表现为明知校舍或者教育教学设施具有危险而仍不采取措施或者不及时报告，致使发生重大事故的行为。犯罪主体为特殊主体，即对校舍或者教育教学设施负有维护义务的直接人员，主要是学校领导、负责学校后勤维修工作的职工。主观方面表现为过失，可以是疏忽大意的过失，也可以是过于自信的过失。这里所说的过失，是指行为人对其所造成的危害结果的心理状态而言。但是，对行为人不采取措施或者不及时报告的行为来说，有时却是明知故犯的。行为人明知校舍或者教育教学设施有危险，但却未想到会因此产生严重后果，或者轻信能够避免，以致发生了严重后果。

2. 教育设施重大安全事故的具体表现有哪些？

教育设施重大安全事故表现为明知校舍或者其他教育设施有危险，而

不采取措施或者不及时报告，致发生重大伤亡安全事故。不采取措施，既包括根本没有采取任何措施，也包括虽采取措施，但是敷衍了事，做做样子，措施不得力。不及时报告，是指根本没有报告或者虽然作了报告但不及时。及时，在这里应当理解为一发现险情，就应当立即报告。必须具有不采取措施或不及时报告的不作为。明知存在危险，及时采取了措施；或在无力采取措施的情况下，及时作了报告，即使发生了重大伤亡事故，亦不能构成本罪。能够采取有效措施而不采取有效措施而向有关人员报告的，亦应以本罪行为论处，而不能以及时报告为由推卸责任。至于具体方式则多种多样，如各级人民政府中分管教育的领导和教育行政部门的领导对学校的危房情况漠不关心，应当投入危房改造维修资金但不及时投入，或者虽然知道危房情况，不及时组织、协调各方面的力量进行维修、改造。学校校长和分管教育教学设施的副校长对校舍或教育教学设施的情况从不过问，不经常进行检查，发现了问题也不及时采取防范措施；对已经确定为危房的校舍仍然使用，对有严重隐患的，不安排人员进行加固处理；对学校解决不了的，不及时报告当地政府和教育行政部门；学校教师对出现的险情不及时报告，对有危险的教学设备、仪器、器械不及时更换，发生危险时，不及时组织学生撤离。有关维修人员不按自己职责对校舍等进行正常检查、维修或者对应该立即维修的危房拖延时间不立即采取维修措施，等等。

3. 教育设施重大安全事故案的立案标准是什么?

明知校舍或者教育教学设施有危险，而不采取措施或者不及时报告，涉嫌下列情形之一的，应予立案追诉：（1）造成死亡 1 人以上、重伤 3 人以上或者轻伤 10 人以上的；（2）其他致使发生重大伤亡事故的情形。

4. 对教育设施重大安全事故罪如何处罚?

犯教育设施重大安全事故罪的，处 3 年以下有期徒刑或者拘役；后果特别严重的，处 3 年以上 7 年以下有期徒刑。

【典型案例】

某市二中是市属重点中学，共有 1500 多名学生。该校新建的教学楼未经验收即投入使用。2002 年 9 月 23 日下午，学校延长一个课时为学生补课。6 时 50 分左右，补课结束，1500 多名学生蜂拥下楼。因受力较大，靠近一楼处的楼梯护栏突然坍塌，前面的学生纷纷摔倒在地。由于照明灯损坏，楼道里光线很暗，后面的学生不知道发生了什么事，仍然不断地朝前拥挤，致使摔倒后受到踩踏的学生越来越多，最终酿成了 47 伤、21 死的惨剧。有关部门调查发现，事发当日下午，曾有教师向校长樊某反映楼道路灯损坏一事，樊启以修理灯泡的工人不在为由予以推托，未采取措施消除安全隐患。事故发生时，樊某正与他人在丰镇春江饭店喝酒。当学校教师打来电话汇报事故并要求其回去处理的时候，樊某并未在意，只是让与其一同喝酒的副校长先回去看看，直到听说有众多学生伤亡之时，樊某才赶回学校。公安部门调查取证结果表明，此次事故发生的主要原因是学校管理混乱，安全措施不到位，有关人员脱离岗位，未尽职责。案发后，校长樊某和其他直接责任人员因涉嫌教育设施重大安全事故罪被依法提起公诉。

【专家评析】

为保护广大师生的人身安全，保障学校和其他教育机构正常的教育、教学秩序，有效打击相关的违法犯罪行为，1997 年施行的刑法新增加了教育设施重大安全事故罪的罪名。本案中，身为校长的樊某本应对师生员工的人身安全高度负责，然而当教师向其反映教学楼楼道照明灯损坏时，樊未予以重视，从而埋下了祸患。在此情况下，樊某仍违反有关规定组织全校学生上晚自习课，且未采取相应的安全措施，导致学生因路黑拥挤而酿成事故。出事后，樊某未及时回校组织营救工作，置师生安全于不顾。综观全案，校长樊某明知学校校舍、教育教学设施存在危险而不采取措施，玩忽职守，严重不负责任，以致发生重大伤亡事故，其行为已具备教育设施重大安全事故罪的犯罪构成要件，依法应承担刑事责任。

【法条指引】

中华人民共和国刑法

第一百三十八条 明知校舍或者教育教学设施有危险，而不采取措施或者不及时报告，致使发生重大伤亡事故的，对直接责任人员，处三年以下有期徒刑或者拘役；后果特别严重的，处三年以上七年以下有期徒刑。

► 四十三、消防责任事故罪

【宣讲要点】

1. 什么是消防责任事故罪？该罪的犯罪构成要件是什么？

消防责任事故罪，是指违反消防管理法规，经消防监督机构通知采取改正措施而拒绝执行，造成严重后果的行为。

本罪的构成要件是：侵犯的客体是国家的消防监督制度和公共安全。客观方面表现为违反消防管理法规且经消防监督机构通知采取改正措施而拒绝执行的行为。违反消防管理法规而造成严重后果，是这种犯罪行为的本质特征。所谓“违反消防管理法规”，是指违反了我国《消防条例》《消防条例实施细则》《仓库防火安全管理规则》《高层建筑消防管理规则》等，经消防监督管理机构通知采取改正措施而拒绝执行。如行为人只是违反了消防管理法规，但没有接到过消防监督机构采取改正措施的通知，则即使造成了严重后果，也不构成本罪。消防监督机构，是指根据有关法律、法规建立的专门负责消防监督检查工作的机构。违反消防管理法规与严重后果之间存在因果关系，即严重后果是由于违反消防管理法规的行为引起的。违反消防管理法规的行为与严重后果之间没有因果联系，则不构成本罪。严重后果，通常是指造成了人身伤亡、死亡或公私财产的重大损失。后果特别严重，一般是指造成多人重伤、死亡或者公私财产的巨大损失。根据司法实践经验和有关规定，所谓“重大伤亡事故”，一般是指死亡1人以上，或者重伤3人以上。所谓“严重后果”，既包括重大人身伤亡，也包括重大的直接经济损失。直接经济损失的数额，一般掌握在5万元以上。直接经济损失虽不足上述规定的数额，但情节严重，使生产、工作受到重大损失的，也应追究直接责任人员的责任。本罪的主体为一般主体，行为人既包括自然人，即年满16周岁、具有刑事责任能力的人，也包括单位。本罪在主观方面表现为过失，可以是疏忽大意的过失，也可以是过于自信的过失。这里所说的过失，是指行为人对其所造成的危害结果的心理状态而言。行为人主观上并不希望火灾事故发生，但就其违反消防管理法规，经消防机构通知采取改正措施而拒绝执行而言，则是明知故犯的。行为人明知是违反了消防管理法规，但却未想到会因此产生严重后果，或者轻信能够避免，以致发生了严重后果。

2. 消防责任事故的具体表现有哪些？

消防责任事故表现为违反消防管理法规且经消防监督机构通知采取改正措施而拒绝执行的行为。

3. 消防责任事故案的立案标准是什么？

违反消防管理法规，经消防监督机构通知采取改正措施而拒绝执行，涉嫌下列情形之一的，应予立案追诉：（1）造成死亡1人以上，或者重伤3人以上；（2）造成直接经济损失50万元以上的；（3）造成森林火灾，过火有林地面积2公顷以上，或者过火疏林地、灌木林地、未成林地、苗圃地面积4公顷以上的；（4）其他造成严重后果的情形。

4. 对消防责任事故罪如何处罚？

犯消防事故责任罪的，处3年以下有期徒刑或者拘役；后果特别严重的，处3年以上7年以下有期徒刑。

【典型案例】

1996年2月，北京市丰台区草桥农工商联合公司（简称草桥公司）在玉泉营环岛西南侧筹建面积约为1.3万平方米的钢架结构轻体建筑以开设家具城。当年12月，未向规划部门申报，草桥公司又在大厅北侧连体扩建面积为4000余平方米的北厅。王某作为草桥公司的副经理，在负责公司的防火安全工作及家具商城建设工作中，违反消防管理法规，不按消防监督机构在审核意见中提出的要求设立防火分区，降低大厅建筑防火喷涂的耐火极限标准，不按要求为消防泵房提供双路供电或设置备用动力。经消防监督机构通知，要求对不设防火分区和大厅防火喷涂不达标的问题采取改正措施而没有执行。草桥公司将消防工程存有严重缺陷且未经消防部门验收的大厅和北厅先后出租给北京金源华美装饰公司（法定代表人为张某）在北京玉泉营家具城作为展销经营场地。张某于1996年8月至1998年5月，作为玉泉营环岛家具城、北京玉泉营环岛建材城副经营经理和北京玉泉营环岛家具市场负责人，在负责家具城、建材城全部展销厅消防安全工作中，违反消防管理法规，不履行防火安全责任，未在市场内建立消防组织，没有定期对职工和保安人员进行防火知识教育和灭火技能训练，对已有的消防设施、器材未指定专人负责维护管理以保证其完好有效，经消防监督部门多次通知采取改正措施而不执行。且被告人张某在得知消防泵房供电线路发生故障后，亦未责成本单位电工或委托他人采取应急措施恢复消防泵房供电。1998年5月5日17时许，家具城北厅一电铃线圈过热短路引燃家具，因家具城没有消防组织，没能及时采取灭火措施，赴到现场的保安人员扑救不力，自动喷水灭火系统由于消防泵房断电而不能启动，总面积2.3万余平方米的展销厅没有防火分区进行隔离，导致火势迅速蔓延。且由于大厅主体建筑防火喷涂的耐火极限标准低于消防规范要求，造成家具城、建材城建筑和参展家具全部烧毁，直接经济损失达人民币2087万余元。1999年6月2日，东城区人民法院作出一审判决，王某、张某因犯消防责任事故罪，被分别判处有期徒刑4年和3年。

【专家评析】

近年来，火灾事故频频发生，给人民群众的生命、财产造成了巨大的损失。如河南焦作“3·29”特大火灾事故、广东省汕头市华南宾馆“6·10”特大火灾、河南洛阳东都商厦“12·25”特大火灾事故、辽宁阜新市“11·27”特大火灾事故等等。这些火灾事故的人员死伤人数和财产损失都让人触目惊心。为保障公共安全，保障群众生命财产安全，必须加大对消防事故的打击力度。

消防责任事故罪主要表现为违反消防管理法规且经消防监督机构通知采取改正措施而拒绝执行的行为。本案中王某作为草桥公司的副经理，在负责公司的防火安全工作及家具商城建设工作中，违反消防管理法规，不按消防监督机构在审核意见中提出的要求设立防火分区，降低大厅建筑防火喷涂的耐火极限标准，不按要求为消防泵房提供双路供电或设置备用动力。经消防监督机构通知，要求对不设防火分区和大厅防火喷涂不达标的问题采取改正措施而没有执行。张某在负责家具城、建材城全部展销厅消防安全工作中，违反消防管理法规，不履行防火安全责任制，未在市场内建立消防组织，没有定期对职工和保安人员进行防火知识教育和灭火技能训练，对已有的消防设施、器材未指定专人负责维护管理以保证其完好有效，经消防监督部门多次通知采取改正措施而不执行。正是由于他们的消极不作为，造成直接经济损失达人民币2087万余元，达到刑事追诉标准。因此，王某、张某应以消防责任事故罪论处。

【法条指引】

中华人民共和国刑法

第一百三十九条 违反消防管理法规，经消防监督机构通知采取改正措施而拒绝执行，造成严重后果的，对直接责任人员，处三年以下有期徒刑或者拘役；后果特别严重的，处三年以上七年以下有期徒刑。

▶ 四十四、不报、谎报安全事故罪

【宣讲要点】

1. 什么是不报、谎报安全事故罪？该罪的犯罪构成要件是什么？

不报、谎报安全事故罪，是指在安全事故发生后，负有报告职责的人员不报或者谎报事故情况，贻误事故抢救，情节严重的行为。该罪主要是针对一些事故单位的负责人和对安全事故负有监管职责的人员在事故发生后弄虚作假，结果延误事故抢救，造成人员伤亡和财产损失进一步扩大的行为而设置的。

本罪的构成要件是：侵犯的客体是安全事故监管制度。客观方面表现为在安全事故发生后，负有报告职责的人员不报或者谎报事故情况，贻误事故抢救，情节严重的行为。犯罪主体为对安全事故负报告职责的人员。主观方面由故意构成。

2. 不报、谎报安全事故的具体表现有哪些？

根据《最高人民法院、最高人民检察院关于办理危害矿山生产安全刑事案件具体应用法律若干问题的解释》第6条，不报或谎报事故的主要表现是，在矿山生产安全事故发生后，负有报告职责的人员决定不报与谎报事故情况或者指使、串通有关人员不报及谎报事故情况；在事故抢救期间擅离职守或者逃匿；伪造及破坏事故现场，或者转移以及藏匿、毁灭遇难人员尸体，或者转移与藏匿受伤人员；毁灭、伪造、隐匿与事故有关的图纸与记录及计算机数据等资料以及其他证据。

3. 不报、谎报安全事故案的立案标准是什么？

根据刑法第139条之一的规定，在安全事故发生后，负有报告职责的人员不报或者谎报事故情况，贻误事故抢救，情节严重的，应予立案追诉。

4. 对不报、谎报安全事故罪如何处罚？

犯不报、谎报安全事故罪的，处3年以下有期徒刑或者拘役；后果特别严重的，处3年以上7年以下有期徒刑。

根据《最高人民法院、最高人民检察院关于办理危害矿山生产安全刑事案件具体应用法律若干问题的解释》第11条的规定，国家工作人员违反规定投资入股矿山生产经营，构成本罪的，从重处罚；根据第12条的规定，危害矿山生产安全构成犯罪的人，在矿山生产安全事故发生后，积极组织、参与事故抢救的，可以酌情从轻处罚。

5. 是否不报、谎报安全事故行为都应以本罪论处?

根据刑法第139条之一和《最高人民法院、最高人民检察院关于办理危害矿山生产安全刑事案件具体应用法律若干问题的解释》的规定，不报、谎报安全事故，贻误事故抢救的行为，如果没有达到情节严重的程度，则属于一般违法行为，不能追究行为人的刑事责任。

所谓“情节严重”，是指矿山生产安全事故发生后，负有报告职责的人员不报或者谎报事故情况，贻误事故抢救，导致事故后果扩大，增加死亡1人以上，或者增加重伤3人以上，或者增加直接经济损失100万元以上的；或者实施下列行为之一，致使不能及时有效开展事故抢救的：(1) 决定不报、谎报事故情况或者指使、串通有关人员不报、谎报事故情况的；(2) 在事故抢救期间擅离职守或者逃匿的；(3) 伪造、破坏事故现场，或者转移、藏匿、毁灭遇难人员尸体，或者转移、藏匿受伤人员的；(4) 毁灭、伪造、隐匿与事故有关的图纸、记录、计算机数据等资料以及其他证据的。

6. 如何区分本罪与玩忽职守罪?

首先，两罪主体不同。前者既可以是生产经营单位的负责人，也可以是对安全生产负有直接责任的国家机关工作人员；后者只能是国家机关工作人员。

其次，犯罪客体不同。前者侵害的客体是公共安全，也就是不特定多数人的生命、健康或是重大公私财产的安全；后者侵害的是国家机关正常的管理活动。

最后，客观方面表现不同。前者是安全事故发生以后，负有报告职责的人员不报或者谎报事故情况，贻误事故抢救情节严重的行为；后者表现为严重的不负责任，不履行或不正确履行工作职责，致使公共财产、国家和人民利益遭受到重大损失的行为。

7. 如何区别不报、谎报安全事故罪与重大责任事故罪?

第一，主体不同。不报、谎报安全事故罪既可以是国家机关工作人员，也可以是非国家机关工作人员；重大责任事故罪只能是非国家机关工作人员。

第二，客体不同。不报、谎报安全事故罪侵犯的客体包括生产作业安全和其他的公共领域、公共场所的安全；重大责任事故罪侵犯的是生产作业安全。

第三，发生的前提不同。不报、谎报安全事故罪是安全事故已经发生；重大责任事故罪是在生产作业的过程当中。

第四，客观表现不同。不报、谎报安全事故罪是负有报告职责的人员不报或谎报事故情况；重大责任事故罪是在生产作业当中违反有关安全管理规定。

【典型案例】

某年12月5日，柴某勾结民工景某，在没有取得任何许可证的情况下，就大肆在门头沟地区进行非法煤矿开采。由柴某投资并负责提供煤窑地点、民工住所及采矿工具，由景某负责雇用挖煤民工组织生产。景某很快找到自己的6名老乡，分成昼夜两班不停地挖煤。柴某则经常到煤窑查看挖煤进度。然而好景不长，12月25日上午，柴某刚从煤窑巡视后离开，窑内就发生了塌冒事故。民工景某、唐某被埋在了窑内。侥幸逃出的一名民工立即将事故报告了柴某。柴某得知消息后，一边打电话叫其他民工前来救援，一边和民工一起抢险。但是不管被埋在窑内的景某如何要求，柴某始终不肯找救护队帮助救援。十多个小时过去了，被埋的民工仍然没有被救出。参与救援的民工们也纷纷要求柴某报警，但柴某的回答却是："不报警我该给钱给钱，报了警我得蹲监狱，那我就没有办法了。"说完便不见了踪影。直到26日零时，警方才接到一名民工的偷偷报警，赶到现场。但当两名民工被挖出时都已经死亡。案件发生后，公安机关以涉嫌重大责任事故罪将柴某刑事拘留，并向检察院提请批准逮捕。门头沟区人民检察院在审查后认为，柴某在生产中违反有关规定，导致事故发生，事故发生后，未上报事故，并在事故抢救时逃匿，致使死亡人数增加，情节严重。根据刑法修正案（六）和《最高人民法院、最高人民检察院关于办理危害矿山生产安全刑事案件具体应用法律若干问题的解释》等相关法律法规的规定，其行为已经涉嫌重大责任事故罪和不报、谎报安全事故罪。

【专家评析】

本案中，柴某担心自己坐牢而拒绝向有关单位和部门报告所发生的事故情况，主观上具有不报的故意；由于其不报行为，造成两名被困在窑下的民工死亡，属于《最高人民法院、最高人民检察院关于办理危害矿山生产安全刑事案件具体应用法律若干问题的解释》第6条规定的“情节严重”，依法应当以不报安全事故罪论处。

不报、谎报事故罪，是指在安全事故发生后，负有报告职责的人员不报或者谎报事故情况，贻误事故抢救，情节严重的行为。重大责任事故罪，是指在生产、作业中违反有关安全管理的规定，或者强令他人违章冒险作业，因而发生重大伤亡事故或者造成其他严重后果的行为。区别两罪，首先要看两罪中行为人的主观表现。不报、谎报事故罪中，行为人对于事故的发生可能是出于过失，也不排除是出于故意，但对于自己的不报、谎报行为只能是出于故意。在重大责任事故罪中，行为人对于事故的发生则只能是出于过失。其次，两罪发生的前提不同。不报、谎报安全事故罪是在安全事故已经发生的基础上，因不报、谎报行为而构成的犯罪，是先有事故再有不报、瞒报的行为；重大责任事故罪则是在生产作业的过程当中，因行为人有过失而导致事故发生，是先有过失再有事故。第三，两罪的主体不同。不报、谎报安全事故罪既可以由国家机关工作人员构成，也可以由非国家机关工作人员构成；而重大责任事故罪只能由非国家机关工作人员构成。

本案中，柴某在没有任何许可证的情况下组织民工进行非法煤矿开采，在开采过程中发生煤窑塌冒事故，并最终导致两名农民工死亡，涉嫌重大责任事故罪和不报事故罪。然而，对于两名农民工的死亡，认定为非法煤矿实际控制人柴某不报事故情况、贻误抢救时机的后果，还是认定为重大责任事故本身，直接影响对行为人行为的定性。如是前者，则对柴某应以不报事故罪论处；如是后者，则对柴某应两罪并罚。所以，两名死者的死因对于本案的定性具有关键作用。如果二人在煤窑发生塌冒事故、被困在窑内时还没有死亡，则可以认为事故发生时没有造成人员伤亡，则柴某不构成重大责任事故罪，是柴某的不报行为贻误了抢救时机，导致二人因窒息死亡，应以不报事故罪追究柴某刑事责任。也有观点认为，柴某还涉嫌不作为的间接故意杀人罪。柴某对二名工人负有安全保障义务，在事故发生后，人能被抢救的情况下，经被埋在窑内的景某多次恳求，柴某始终不请专业的救护队进行营救，虽然他也参加了自行组织的抢险，但是拒绝报警和请专业救护队、后来放弃营救二名工人的行为，应当认定为其不作为，在主观上对二名工人的死亡持放任态度，应以间接故意杀人罪论处。

【法条指引】

中华人民共和国刑法

第一百三十九条 违反消防管理法规，经消防监督机构通知采取改正措施而拒绝执行，造成严重后果的，对直接责任人员，处三年以下有期徒刑或者拘役；后果特别严重的，处三年以上七年以下有期徒刑。

在安全事故发生后，负有报告职责的人员不报或者谎报事故情况，贻误事故抢救，情节严重的，处三年以下有期徒刑或者拘役；情节特别严重的，处三年以上七年以下有期徒刑。

最高人民法院、最高人民检察院关于办理危害矿山生产安全刑事案件具体应用法律若干问题的解释

第五条 刑法第一百三十九条之一规定的“负有报告职责的人员”，是指矿山生产经营单位的负责人、实际控制人、负责生产经营管理的投资人以及其他负有报告职责的人员。

第六条 在矿山生产安全事故发生后，负有报告职责的人员不报或者谎报事故情况，贻误事故抢救，具有下列情形之一的，应当认定为刑法第一百三十九条之一规定的“情节严重”：

（一）导致事故后果扩大，增加死亡一人以上，或者增加重伤三人以上，或者增加直接经济损失一百万元以上的；

（二）实施下列行为之一，致使不能及时有效开展事故抢救的：

1. 决定不报、谎报事故情况或者指使、串通有关人员不报、谎报事故情况的；

2. 在事故抢救期间擅离职守或者逃匿的；

3. 伪造、破坏事故现场，或者转移、藏匿、毁灭遇难人员尸体，或者转移、藏匿受伤人员的；

4. 毁灭、伪造、隐匿与事故有关的图纸、记录、计算机数据等资料以及其他证据的。

（三）其他严重的情节。

具有下列情形之一的，应当认定为刑法第一百三十九条之一规定的“情节特别严重”：

（一）导致事故后果扩大，增加死亡三人以上，或者增加重伤十人以上，或者增加直接经济损失三百万元以上的；

（二）采用暴力、胁迫、命令等方式阻止他人报告事故情况导致事故后果扩大的；

（三）其他特别严重的情节。

第七条 在矿山生产安全事故发生后，实施本解释第六条规定的相关行为，帮助负有报告职责的人员不报或者谎报事故情况，贻误事故抢救的，对组织者或者积极参加者，依照刑法第一百三十九条之一的规定，以共犯论处。

第十一条 国家工作人员违反规定投资入股矿山生产经营，构成本解释涉及的有关犯罪的，作为从重情节依法处罚。

第十二条 危害矿山生产安全构成犯罪的人，在矿山生产安全事故发生后，积极组织、参与事故抢救的，可以酌情从轻处罚。

▶ 四十五、大型群众性活动重大安全事故罪

【宣讲要点】

1. 什么是大型群众性活动重大安全事故罪？该罪的犯罪构成要件是什么？

大型群众性活动重大安全事故罪，是指在生产、作业中违反有关安全管理的规定，因而发生重大伤亡事故或者造成其他严重后果的行为。

本罪的构成要件是：侵犯的客体是公众活动场所的公共安全，即公园、娱乐场、运动场、展览馆或者其他供社会公众活动场所中不特定多数人的生命、健康或重大公私财产的安全。客观方面表现为在举办大型的群众性活动中，违反公共场所举办群体性活动相关的安全管理规定，没有履行相应的注意义务，造成重大伤亡事故或其他严重后果。本罪的行为形式是不作为，即依照法律、法规、规章以及其他保障公共场所安全的惯例，行为人负有义务采取行动排除在公众活动场所发生的法益侵害或法益的侵害危险性，且有能力履行该义务，而拒不履行。犯罪主体是特殊主体，即大型群众性活动的举办者或者举办单位直接负责的主管人员，以及对该活动的安全保卫工作负有直接责任的人员。需要注意的是，直接负责的主管人员和其他直接责任人员，既可以是非国家机关工作人员，也可以是国家机关工作人员，因为我国许多大型集会、焰火晚会、灯会等群众性活动是由地方政府或者政府部门协调举办，在此情形下，必须分清群众性活动是由地方政府或政府部门举办还是以地方政府或政府名义举办。如果是前者，地方政府或政府部门中作为主管人员、其他直接责任人员的国家机关工作人员，也可以成为本罪的主体；如果是后者，具体承办单位的主管人员和其他责任人员才是本罪的主体。本罪的主观方面为过失，即行为人应当预见到自己在大型群众性活动中的违反安全管理规定的行为，可能会造成重大伤亡事故或其他严重后果，因为疏忽大意而没有预见；或虽然已经预见，但轻信能够避免，因而造成重大伤亡事故或其他严重后果。

2. 大型群众性活动重大安全事故的具体表现有哪些?

大型群众性活动重大安全事故主要表现为，在举办大型的群众性活动中，违反在公共场所的群体性活动中相关的安全管理规定，没有履行相应的注意义务，发生了重大伤亡事故或者造成其他严重后果。所谓“大型群众性活动”，主要指《群众性文化体育活动治安管理办法》第 2 条规定的范畴，该条规定“在公园、风景游览区、游乐园、广场、体育场（馆）、展览馆、俱乐部、公共道路、居民生活区等公共场所举办的下列活动，适用本办法：（一）演唱会、音乐会等文艺活动；（二）游园、灯会、花会、龙舟会等民间传统活动；（三）体育比赛、民间竞技、健身气功等群众性体育活动；（四）其他群众性文化体育活动。在影剧场（院）举办其经营范围之外的活动适用本办法”。所谓“安全管理规定”，是指国家有关部门为保证大型群众性活动安全、顺利举行制定的管理规定。1999 年 8 月 15 日公安部颁布的《群众性文化体育活动治安管理办法》是目前通行于全国的关于群众性文化文艺体育活动的规定。申请举办群众性文化体育活动的公民、法人和其他组织，应当对活动的具体内容、安全保卫措施承担全部责任，并制订安全保卫工作方案。安全保卫工作方案应当包括以下内容：（1）活动的时间、地点、人数、规模、内容及组织方式；（2）安全工作人员情况、数量和任务分配、识别标志；（3）场地建筑和设施的消防、安全情况；（4）入场票证的管理、查验措施；（5）场地人员的核定容量；（6）迅速疏散人员的预备措施。如果责任人没有按照安全保卫工作方案的具体内容落实其内容酿成事故，责任人将受到法律追究。

3. 大型群众性活动重大安全事故案的立案标准是什么?

举办大型群众性活动违反安全管理规定，涉嫌下列情形之一的，应予立案追诉：（1）造成死亡 1 人以上，或者重伤 3 人以上；（2）造成直接经济损失 50 万元以上的；（3）其他造成严重后果的情形。

4. 对大型群众性活动重大安全事故罪如何处罚?

犯大型群众性活动重大安全事故罪的，处 3 年以下有期徒刑或者拘役；情节特别恶劣的，处 3 年以上 7 年以下有期徒刑。

5. 如何把握大型群众性活动安全事故的罪与非罪认定?

判断大型群众性活动安全事故的罪与非罪，关键在于查明是否造成了重大伤亡事故或其他严重后果，即致人死亡的，或者致多人重伤的；或者是造成重大经济损失。虽然举办大型群众性活动违反安全管理，负有直接责任的主管人员或其他直接责任人员没有采取消除安全隐患的措施，对该活动的参加者造成了一定的危害后果，但是后果并不严重，属于一般的群众性活动安全事故，不构成本罪；属于行政违法的，可根据相关规定对其处以行政处罚或行政处分。

6. 如何区分本罪与公众活动场所发生的意外事故?

公众活动场所发生的意外事故，是指由于不可预见、不可控制的因素，引发的公众活动场所的人员伤亡或公私财产的重大损失。本罪与公众活动场所发生意外事故的区别在于，前者行为人主观上应当预见到自己在大型群众性活动中的违反安全管理规定的行为，可能会造成重大伤亡事故或者其他严重后果，因为疏忽大意而没有预见；或者虽然已经预见，但轻信能够避免，因而造成重大伤亡事故或其他严重后果；客观上没有履行法定的注意义务，未消除公众活动场所的安全隐患致使发生重大伤亡事故或者造成了其他严重后果，但是行为人对此无法预见，或者已经预见但无法控制，主观上缺乏过失心理。

7. 如何区分本罪与重大责任事故罪?

二者之间的主要区别在于：(1) 发生的领域不同。本罪发生在对公众活动场所的安全管理过程中，而重大责任事故罪发生在生产作业领域。(2) 侵犯的具体法益不同。本罪侵犯的法益是公众活动场所的公共安全；重大责任事故罪侵犯的法益是生产、作业安全。(3) 主体不同。本罪的主体是大型群众性活动的举办者或举办单位直接负责的主管人员，以及对该活动的安全保卫工作负有直接责任的人员，既可以由非国家机关工作人员构成，也可以由国家机关工作人员构成；重大责任事故罪的主体是生产、作业单位的普通从业人员和在生产、作业中直接从事领导、指挥的人员。(4) 客观方面的行为形式不同。本罪主要表现为负有排除公众活动场所安全隐患的行为人，没有履行该义务，对大型群众性活动的参加者的人身、财产法益存在着危险性，因而其行为形式是不作为；而重大责任事故罪表现为违章生产、作业或者强令他人违章作业，一般是以作为的方式实施的。

8. 如何区分本罪与消防责任事故罪？

首先，犯罪主体不同。本罪主体是特殊主体，即大型群众性活动的举办者或举办单位直接负责的主管人员，以及对该活动的安全保卫工作负有直接责任的人员；消防责任事故罪的主体是一般主体，包括一般公民、单位负责人或者单位中负有防火责任的管理人员或者其他直接责任人员。

其次，犯罪客观方面不同。本罪在客观方面表现为举办大型群众性活动违反安全管理规定，因而发生重大伤亡事故或者造成其他严重后果；消防责任事故罪的客观方面表现为违反消防管理法规，经消防监督机构通知采取改正措施而拒绝执行，造成严重后果。

当举办大型群众性活动时，违反消防管理法规，经消防监督机构通知采取改正措施而拒绝执行，造成重大伤亡事故或其他严重后果的，应根据包容竞合的处理原则适用本法条，以重大群众性活动安全事故罪论处。

9. 如何区分本罪与玩忽职守罪？

玩忽职守罪是指国家机关工作人员严重不负责任，不履行或不正确履行自己的工作职责，致使公共财产、国家和人民利益遭受重大损失的行为。本罪与玩忽职守罪的区别在于：（1）犯罪客体不同。本罪的客体是公众活动场所的公共安全，即公园、娱乐场、运动场、展览馆或者其他供社会公众活动场所中不特定多数人的生命、健康或重大公私财产安全；玩忽职守罪的客体是国家机关正常的管理活动。（2）犯罪客观方面不同。本罪在客观方面表现为举办大型群众性活动违反安全管理规定，因而发生重大伤亡事故或者造成其他严重后果；而玩忽职守罪的客观方面表现为严重不负责任，不履行或不正确履行自己的工作职责，致使公共财产、国家和人民利益遭受重大损失的行为。

【典型案例】

2010年2月14日，商丘市睢阳区举办火神台春节大型庙会期间，由被告人谭某、夏某、黄某（另案处理）共同管理的齐鲁残疾人飞车艺术团在燧皇陵景区火文化广场院内进行飞车表演。11时许，演出看台突然发生倒塌，造成1人重伤，13人轻伤，多人轻微伤，直接财产损失42万余元，后期赔偿费用18万余元。被告人谭某供述证实，大棚是由黄山艺术团和自己的歌舞团共同搭建的。经法院审理，认定被告人谭某、夏某犯大型群众性活动重大安全事故罪，均判处有期徒刑1年，缓刑1年。

【专家评析】

近年来，随着国民经济的快速发展，人民生活水平亦逐步提高，各类群众性文化娱乐活动、体育活动越来越多，规模和人数也不断扩大。刑法修正案（六）第3条之所以新增加刑法第135条之一，其目的就是要求相关人员必须高度重视并切实采取合理措施避免事故发生，以保障群众生命财产安全。需要注意的是，本罪是结果犯，即必须发生了重大伤亡事故或者造成其他严重后果，才追究刑事责任。纵然在举办大型的群众性活动中存在违反安全管理规定的行为，没有履行相应的注意义务，但是若没有发生大型群众性活动重大安全事故，可以依法追究行政责任，而不应当追究刑事责任。

本案中，被告人谭某等人出于演出目的，自行搭建演出看台，没有提请有关部门验收。而《营业性演出管理条例》第20条规定："需要临时搭建舞台、看台的，演出举办单位应当按照国家有关安全标准搭建舞台、看台，确保安全。"第21条规定："审批临时搭建舞台、看台的营业性演出时，文化主管部门应当核验演出举办单位的下列文件：（一）依法验收后取得的演出场所合格证明；（二）安全保卫工作方案和灭火、应急疏散预案；（三）依法取得的安全、消防批准文件。"因此，在主观上，谭某等人存在疏忽大意的过失，即应当预见临时演出看台有安全隐患应当予以排除而没有预见；在客观上，谭某应当遵守相关规定，采取足够的安全防范措施，但因为疏忽大意没有采取，从而导致演出看台坍塌事故的发生，造成多人受伤的严重后果。因此，应当以大型群众性活动重大安全事故罪论处。

【法条指引】

中华人民共和国刑法

第一百三十五条 举办大型群众性活动违反安全管理规定，因而发生重大伤亡事故或者造成其他严重后果的，对直接负责的主管人员和其他直接责任人员，处三年以下有期徒刑或者拘役；情节特别恶劣的，处三年以上七年以下有期徒刑。

最高人民检察院、公安部关于公安机关管辖的刑事案件立案追诉标准的规定（一）

第十一条 举办大型群众性活动违反安全管理规定，涉嫌下列情形之一的，应予立案追诉：

（一）造成死亡一人以上，或者重伤三人以上；

（二）造成直接经济损失五十万元以上的；

（三）其他造成严重后果的情形。

▶ 四十六、强令违章冒险作业罪

【宣讲要点】

1. 什么是强令违章冒险作业罪？该罪的犯罪构成要件是什么？

强令违章冒险作业罪，是指强令他人违章冒险作业，因而发生重大伤亡事故或者造成其他严重后果，危害公共安全的行为。

本罪的构成要件是：侵犯的客体是作业安全。正常的作业安全秩序既是作业人员及现场其他人员的生命、健康的安全保障，也是公私财产安全的保障。客观方面表现为强令他人违章冒险作业，因而发生重大伤亡事故或者造成其他严重后果的行为。本罪是结果犯，对重大伤亡事故或者造成其他严重后果的理解同重大责任事故罪。犯罪主体为一般主体，包括矿山作业负有组织、指挥或者管理责任的负责人、管理人员、实际控制人、投资人等。犯罪的主观方面表现为过失。实践中多为过于自信的过失，即负有管理施工、作业等工作的有关人员，明知自己的决定违反安全作业的规章制度，可能会导致安全事故的发生，但却心存侥幸，自认为不会出事，从而强令他人违章冒险作业。

2. 强令他人违章冒险作业的具体表现是什么?

强令他人违章冒险作业具体表现为负责管理施工、作业等工作的有关人员，违反安全作业的规章制度，发出令他人必须或者应当执行的违章冒险作业的指令、命令，并产生了使他人违心违章冒险作业的严重后果的行为。

3. 强令他人违章冒险作业罪的立案追诉标准是什么?

强令他人违章冒险作业，涉嫌下列情形之一的，应予立案追诉：(1) 造成死亡1人以上，或者重伤3人以上；(2) 造成直接经济损失50万元以上的；(3) 发生矿山生产安全事故，造成直接经济损失100万元以上的；(4) 其他造成严重后果的情形。

4. 对犯强令他人违章冒险作业罪的如何处罚?

犯强令违章冒险作业罪的，处5年以下有期徒刑或者拘役；情节特别恶劣的，处5年以上有期徒刑。

【典型案例】

连云港某船舶运输公司所属的起重浮吊船在江阴一码头进行吊装作业时，浮吊船操作人员何某发现需吊装的钢结构回旋筒体超重，于是立即向该运输公司经理孙某汇报，孙某在明知浮吊船的额定负载为350吨，而需吊装的钢结构回旋筒体重380吨，勉强起吊会有危险的情况下，仍命令何某对该筒体进行吊装作业，且在作业过程中没有严格清场。因超限额起吊，导致浮吊船吊臂倒塌砸中正在修船作业的张家港某船厂工人周某，致周某抢救无效死亡。浮吊船操作人员何某也从浮吊船驾驶室坠落至地面受伤，经法医鉴定，其伤势构成轻伤。事故发生后，孙某主动投案自首，其所在的运输公司赔偿了死者周某家属经济损失45万元。法院经审理，认定孙某犯强令违章冒险作业罪，判处有期徒刑1年9个月，缓刑1年9个月。

【专家评析】

强令违章冒险作业往往会导致重大伤亡或重大财产损失。强令违章冒险作业罪，是指强令违章冒险作业，因而发生重大伤亡事故或者造成其他严重后果，危害公共安全的行为。构成本罪，行为人对重大伤亡事故或者其他严重后果所持有的心理态度是过失，一般是过于自信的过失。本罪是结果犯，行为人强令他人违章冒险作业，发生重大伤亡事故或者其他严重后果的，才能构成本罪，且二者之间具有直接因果关系。本罪不存在犯罪未遂状态，虽有强令他人违章冒险作业但未发生重大伤亡事故，或者虽然发生重大伤亡事故但是与行为人的强令冒险作业之间没有因果关系的，都不能构成本罪。

本案中，孙某作为运输公司经理，主观上明知浮吊船的额定负载为350吨，超过这一负载即违反操作规定并可能发生安全事故，从而危害不特定多数人的生命、健康安全或者重大公私财产，但出于侥幸心理，在操作人员何某向其报告需吊装的钢结构回旋筒体超重30吨的情况下，仍命令何某对该筒体进行吊装作业，从而发生浮吊船吊臂倒塌砸中周某并致其死亡和何某受轻伤的严重后果。同时，孙某在下达指令时，没有按规定进行清场，可以认定其违章指令与周某的死亡结果之间存在直接的因果关系。如果孙某在下达起吊的指令之前已经命人进行清场，但由于负责清场的工作人员的疏忽没有通知到周某，或者被害人周某已经接到清场通知但轻信不会发生事故拒绝退场，则孙某的违章指令和周某的死亡之间的直接因果关系被阻却，不能认定孙某构成本罪。

【法条指引】

中华人民共和国刑法

第一百三十四条第二款　强令他人违章冒险作业，因而发生重大伤亡事故或者造成其他严重后果的，处五年以下有期徒刑或者拘役；情节特别恶劣的，处五年以上有期徒刑。

最高人民检察院、公安部关于公安机关管辖的刑事案件立案追诉标准的规定（一）

第九条 强令他人违章冒险作业，涉嫌下列情形之一的，应予立案追诉：

（一）造成死亡一人以上，或者重伤三人以上；

（二）造成直接经济损失五十万元以上的；

（三）发生矿山生产安全事故，造成直接经济损失一百万元以上的；

（四）其他造成严重后果的情形。